This book belongs to:

Freeze Dryer Log

Batch No.	Date	Tray	Product	Cooked Y/N	Pre-Frozen Y/N	(A) Wet weight	(B) Dry weight	(A - B) Water weight variance	(C) Freeze time	(D) Dry time	(C + D) Total time	Batch notes
		1		Y / N	Y / N							
		2		Y / N	Y / N							
		3		Y / N	Y / N							
		4		Y / N	Y / N							
		5		Y / N	Y / N							

Batch No.	Date	Tray	Product	Cooked Y/N	Pre-Frozen Y/N	(A) Wet weight	(B) Dry weight	(A - B) Water weight variance	(C) Freeze time	(D) Dry time	(C + D) Total time	Batch notes
		1		Y / N	Y / N							
		2		Y / N	Y / N							
		3		Y / N	Y / N							
		4		Y / N	Y / N							
		5		Y / N	Y / N							

Batch No.	Date	Tray	Product	Cooked Y/N	Pre-Frozen Y/N	(A) Wet weight	(B) Dry weight	(A - B) Water weight variance	(C) Freeze time	(D) Dry time	(C + D) Total time	Batch notes
		1		Y / N	Y / N							
		2		Y / N	Y / N							
		3		Y / N	Y / N							
		4		Y / N	Y / N							
		5		Y / N	Y / N							

Freeze Dryer Log

Batch No.	Date	Tray	Product	Cooked Y/N	Pre-Frozen Y/N	(A) Wet weight	(B) Dry weight	(A - B) Water weight variance	(C) Freeze time	(D) Dry time	(C + D) Total time	Batch notes
		1		Y / N	Y / N							
		2		Y / N	Y / N							
		3		Y / N	Y / N							
		4		Y / N	Y / N							
		5		Y / N	Y / N							

Batch No.	Date	Tray	Product	Cooked Y/N	Pre-Frozen Y/N	(A) Wet weight	(B) Dry weight	(A - B) Water weight variance	(C) Freeze time	(D) Dry time	(C + D) Total time	Batch notes
		1		Y / N	Y / N							
		2		Y / N	Y / N							
		3		Y / N	Y / N							
		4		Y / N	Y / N							
		5		Y / N	Y / N							

Batch No.	Date	Tray	Product	Cooked Y/N	Pre-Frozen Y/N	(A) Wet weight	(B) Dry weight	(A - B) Water weight variance	(C) Freeze time	(D) Dry time	(C + D) Total time	Batch notes
		1		Y / N	Y / N							
		2		Y / N	Y / N							
		3		Y / N	Y / N							
		4		Y / N	Y / N							
		5		Y / N	Y / N							

Freeze Dryer Log

Batch No.	Date	Tray	Product	Cooked Y/N	Pre-Frozen Y/N	(A) Wet weight	(B) Dry weight	(A - B) Water weight variance	(C) Freeze time	(D) Dry time	(C + D) Total time	Batch notes
		1		Y / N	Y / N							
		2		Y / N	Y / N							
		3		Y / N	Y / N							
		4		Y / N	Y / N							
		5		Y / N	Y / N							

Batch No.	Date	Tray	Product	Cooked Y/N	Pre-Frozen Y/N	(A) Wet weight	(B) Dry weight	(A - B) Water weight variance	(C) Freeze time	(D) Dry time	(C + D) Total time	Batch notes
		1		Y / N	Y / N							
		2		Y / N	Y / N							
		3		Y / N	Y / N							
		4		Y / N	Y / N							
		5		Y / N	Y / N							

Batch No.	Date	Tray	Product	Cooked Y/N	Pre-Frozen Y/N	(A) Wet weight	(B) Dry weight	(A - B) Water weight variance	(C) Freeze time	(D) Dry time	(C + D) Total time	Batch notes
		1		Y / N	Y / N							
		2		Y / N	Y / N							
		3		Y / N	Y / N							
		4		Y / N	Y / N							
		5		Y / N	Y / N							

Freeze Dryer Log

Batch No.	Date	Tray	Product	Cooked Y/N	Pre-Frozen Y/N	(A) Wet weight	(B) Dry weight	(A - B) Water weight variance	(C) Freeze time	(D) Dry time	(C + D) Total time	Batch notes
		1		Y / N	Y / N							
		2		Y / N	Y / N							
		3		Y / N	Y / N							
		4		Y / N	Y / N							
		5		Y / N	Y / N							

Batch No.	Date	Tray	Product	Cooked Y/N	Pre-Frozen Y/N	(A) Wet weight	(B) Dry weight	(A - B) Water weight variance	(C) Freeze time	(D) Dry time	(C + D) Total time	Batch notes
		1		Y / N	Y / N							
		2		Y / N	Y / N							
		3		Y / N	Y / N							
		4		Y / N	Y / N							
		5		Y / N	Y / N							

Batch No.	Date	Tray	Product	Cooked Y/N	Pre-Frozen Y/N	(A) Wet weight	(B) Dry weight	(A - B) Water weight variance	(C) Freeze time	(D) Dry time	(C + D) Total time	Batch notes
		1		Y / N	Y / N							
		2		Y / N	Y / N							
		3		Y / N	Y / N							
		4		Y / N	Y / N							
		5		Y / N	Y / N							

Freeze Dryer Log

Batch No. _____ **Date** _____

Tray	Product	Cooked Y/N	Pre-Frozen Y/N	(A) Wet weight	(B) Dry weight	(A - B) Water weight variance	(C) Freeze time	(D) Dry time	(C + D) Total time	Batch notes
1		Y / N	Y / N							
2		Y / N	Y / N							
3		Y / N	Y / N							
4		Y / N	Y / N							
5		Y / N	Y / N							

Batch No. _____ **Date** _____

Tray	Product	Cooked Y/N	Pre-Frozen Y/N	(A) Wet weight	(B) Dry weight	(A - B) Water weight variance	(C) Freeze time	(D) Dry time	(C + D) Total time	Batch notes
1		Y / N	Y / N							
2		Y / N	Y / N							
3		Y / N	Y / N							
4		Y / N	Y / N							
5		Y / N	Y / N							

Batch No. _____ **Date** _____

Tray	Product	Cooked Y/N	Pre-Frozen Y/N	(A) Wet weight	(B) Dry weight	(A - B) Water weight variance	(C) Freeze time	(D) Dry time	(C + D) Total time	Batch notes
1		Y / N	Y / N							
2		Y / N	Y / N							
3		Y / N	Y / N							
4		Y / N	Y / N							
5		Y / N	Y / N							

Freeze Dryer Log

Batch No.	Date	Tray	Product	Cooked Y/N	Pre-Frozen Y/N	(A) Wet weight	(B) Dry weight	(A - B) Water weight variance	(C) Freeze time	(D) Dry time	(C + D) Total time	Batch notes
		1		Y / N	Y / N							
		2		Y / N	Y / N							
		3		Y / N	Y / N							
		4		Y / N	Y / N							
		5		Y / N	Y / N							

Batch No.	Date	Tray	Product	Cooked Y/N	Pre-Frozen Y/N	(A) Wet weight	(B) Dry weight	(A - B) Water weight variance	(C) Freeze time	(D) Dry time	(C + D) Total time	Batch notes
		1		Y / N	Y / N							
		2		Y / N	Y / N							
		3		Y / N	Y / N							
		4		Y / N	Y / N							
		5		Y / N	Y / N							

Batch No.	Date	Tray	Product	Cooked Y/N	Pre-Frozen Y/N	(A) Wet weight	(B) Dry weight	(A - B) Water weight variance	(C) Freeze time	(D) Dry time	(C + D) Total time	Batch notes
		1		Y / N	Y / N							
		2		Y / N	Y / N							
		3		Y / N	Y / N							
		4		Y / N	Y / N							
		5		Y / N	Y / N							

Freeze Dryer Log

Batch No.	Date	Tray	Product	Cooked Y/N	Pre-Frozen Y/N	(A) Wet weight	(B) Dry weight	(A - B) Water weight variance	(C) Freeze time	(D) Dry time	(C + D) Total time	Batch notes
		1		Y / N	Y / N							
		2		Y / N	Y / N							
		3		Y / N	Y / N							
		4		Y / N	Y / N							
		5		Y / N	Y / N							

Batch No.	Date	Tray	Product	Cooked Y/N	Pre-Frozen Y/N	(A) Wet weight	(B) Dry weight	(A - B) Water weight variance	(C) Freeze time	(D) Dry time	(C + D) Total time	Batch notes
		1		Y / N	Y / N							
		2		Y / N	Y / N							
		3		Y / N	Y / N							
		4		Y / N	Y / N							
		5		Y / N	Y / N							

Batch No.	Date	Tray	Product	Cooked Y/N	Pre-Frozen Y/N	(A) Wet weight	(B) Dry weight	(A - B) Water weight variance	(C) Freeze time	(D) Dry time	(C + D) Total time	Batch notes
		1		Y / N	Y / N							
		2		Y / N	Y / N							
		3		Y / N	Y / N							
		4		Y / N	Y / N							
		5		Y / N	Y / N							

Freeze Dryer Log

Batch No.	Date	Tray	Product	Cooked Y/N	Pre-Frozen Y/N	(A) Wet weight	(B) Dry weight	(A - B) Water weight variance	(C) Freeze time	(D) Dry time	(C + D) Total time	Batch notes
		1		Y / N	Y / N							
		2		Y / N	Y / N							
		3		Y / N	Y / N							
		4		Y / N	Y / N							
		5		Y / N	Y / N							

Batch No.	Date	Tray	Product	Cooked Y/N	Pre-Frozen Y/N	(A) Wet weight	(B) Dry weight	(A - B) Water weight variance	(C) Freeze time	(D) Dry time	(C + D) Total time	Batch notes
		1		Y / N	Y / N							
		2		Y / N	Y / N							
		3		Y / N	Y / N							
		4		Y / N	Y / N							
		5		Y / N	Y / N							

Batch No.	Date	Tray	Product	Cooked Y/N	Pre-Frozen Y/N	(A) Wet weight	(B) Dry weight	(A - B) Water weight variance	(C) Freeze time	(D) Dry time	(C + D) Total time	Batch notes
		1		Y / N	Y / N							
		2		Y / N	Y / N							
		3		Y / N	Y / N							
		4		Y / N	Y / N							
		5		Y / N	Y / N							

Freeze Dryer Log

Batch No.	Date	Tray	Product	Cooked Y/N	Pre-Frozen Y/N	(A) Wet weight	(B) Dry weight	(A - B) Water weight variance	(C) Freeze time	(D) Dry time	(C + D) Total time	Batch notes
		1		Y / N	Y / N							
		2		Y / N	Y / N							
		3		Y / N	Y / N							
		4		Y / N	Y / N							
		5		Y / N	Y / N							
		1		Y / N	Y / N							
		2		Y / N	Y / N							
		3		Y / N	Y / N							
		4		Y / N	Y / N							
		5		Y / N	Y / N							
		1		Y / N	Y / N							
		2		Y / N	Y / N							
		3		Y / N	Y / N							
		4		Y / N	Y / N							
		5		Y / N	Y / N							

Freeze Dryer Log

Batch No.	Date	Tray	Product	Cooked Y / N	Pre-Frozen Y / N	(A) Wet weight	(B) Dry weight	(A - B) Water weight variance	(C) Freeze time	(D) Dry time	(C + D) Total time	Batch notes
		1		Y / N	Y / N							
		2		Y / N	Y / N							
		3		Y / N	Y / N							
		4		Y / N	Y / N							
		5		Y / N	Y / N							

Batch No.	Date	Tray	Product	Cooked Y / N	Pre-Frozen Y / N	(A) Wet weight	(B) Dry weight	(A - B) Water weight variance	(C) Freeze time	(D) Dry time	(C + D) Total time	Batch notes
		1		Y / N	Y / N							
		2		Y / N	Y / N							
		3		Y / N	Y / N							
		4		Y / N	Y / N							
		5		Y / N	Y / N							

Batch No.	Date	Tray	Product	Cooked Y / N	Pre-Frozen Y / N	(A) Wet weight	(B) Dry weight	(A - B) Water weight variance	(C) Freeze time	(D) Dry time	(C + D) Total time	Batch notes
		1		Y / N	Y / N							
		2		Y / N	Y / N							
		3		Y / N	Y / N							
		4		Y / N	Y / N							
		5		Y / N	Y / N							

Freeze Dryer Log

Batch No. ___ Date ___

Tray	Product	Cooked Y/N	Pre-Frozen Y/N	(A) Wet weight	(B) Dry weight	(A - B) Water weight variance	(C) Freeze time	(D) Dry time	(C + D) Total time	Batch notes
1		Y/N	Y/N							
2		Y/N	Y/N							
3		Y/N	Y/N							
4		Y/N	Y/N							
5		Y/N	Y/N							

Batch No. ___ Date ___

Tray	Product	Cooked Y/N	Pre-Frozen Y/N	(A) Wet weight	(B) Dry weight	(A - B) Water weight variance	(C) Freeze time	(D) Dry time	(C + D) Total time	Batch notes
1		Y/N	Y/N							
2		Y/N	Y/N							
3		Y/N	Y/N							
4		Y/N	Y/N							
5		Y/N	Y/N							

Batch No. ___ Date ___

Tray	Product	Cooked Y/N	Pre-Frozen Y/N	(A) Wet weight	(B) Dry weight	(A - B) Water weight variance	(C) Freeze time	(D) Dry time	(C + D) Total time	Batch notes
1		Y/N	Y/N							
2		Y/N	Y/N							
3		Y/N	Y/N							
4		Y/N	Y/N							
5		Y/N	Y/N							

Freeze Dryer Log

Batch No.	Date	Tray	Product	Cooked Y/N	Pre-Frozen Y/N	(A) Wet weight	(B) Dry weight	(A - B) Water weight variance	(C) Freeze time	(D) Dry time	(C + D) Total time	Batch notes
		1		Y / N	Y / N							
		2		Y / N	Y / N							
		3		Y / N	Y / N							
		4		Y / N	Y / N							
		5		Y / N	Y / N							

Batch No.	Date	Tray	Product	Cooked Y/N	Pre-Frozen Y/N	(A) Wet weight	(B) Dry weight	(A - B) Water weight variance	(C) Freeze time	(D) Dry time	(C + D) Total time	Batch notes
		1		Y / N	Y / N							
		2		Y / N	Y / N							
		3		Y / N	Y / N							
		4		Y / N	Y / N							
		5		Y / N	Y / N							

Batch No.	Date	Tray	Product	Cooked Y/N	Pre-Frozen Y/N	(A) Wet weight	(B) Dry weight	(A - B) Water weight variance	(C) Freeze time	(D) Dry time	(C + D) Total time	Batch notes
		1		Y / N	Y / N							
		2		Y / N	Y / N							
		3		Y / N	Y / N							
		4		Y / N	Y / N							
		5		Y / N	Y / N							

©2022 Jessica Callaway Publishing

Freeze Dryer Log

Batch No.	Date	Tray	Product	Cooked Y/N	Pre-Frozen Y/N	(A) Wet weight	(B) Dry weight	(A - B) Water weight variance	(C) Freeze time	(D) Dry time	(C + D) Total time	Batch notes
		1		Y/N	Y/N							
		2		Y/N	Y/N							
		3		Y/N	Y/N							
		4		Y/N	Y/N							
		5		Y/N	Y/N							

Batch No.	Date	Tray	Product	Cooked Y/N	Pre-Frozen Y/N	(A) Wet weight	(B) Dry weight	(A - B) Water weight variance	(C) Freeze time	(D) Dry time	(C + D) Total time	Batch notes
		1		Y/N	Y/N							
		2		Y/N	Y/N							
		3		Y/N	Y/N							
		4		Y/N	Y/N							
		5		Y/N	Y/N							

Batch No.	Date	Tray	Product	Cooked Y/N	Pre-Frozen Y/N	(A) Wet weight	(B) Dry weight	(A - B) Water weight variance	(C) Freeze time	(D) Dry time	(C + D) Total time	Batch notes
		1		Y/N	Y/N							
		2		Y/N	Y/N							
		3		Y/N	Y/N							
		4		Y/N	Y/N							
		5		Y/N	Y/N							

Freeze Dryer Log

Batch No.	Date	Tray	Product	Cooked Y/N	Pre-Frozen Y/N	(A) Wet weight	(B) Dry weight	(A - B) Water weight variance	(C) Freeze time	(D) Dry time	(C + D) Total time	Batch notes
		1		Y / N	Y / N							
		2		Y / N	Y / N							
		3		Y / N	Y / N							
		4		Y / N	Y / N							
		5		Y / N	Y / N							

Batch No.	Date	Tray	Product	Cooked Y/N	Pre-Frozen Y/N	(A) Wet weight	(B) Dry weight	(A - B) Water weight variance	(C) Freeze time	(D) Dry time	(C + D) Total time	Batch notes
		1		Y / N	Y / N							
		2		Y / N	Y / N							
		3		Y / N	Y / N							
		4		Y / N	Y / N							
		5		Y / N	Y / N							

Batch No.	Date	Tray	Product	Cooked Y/N	Pre-Frozen Y/N	(A) Wet weight	(B) Dry weight	(A - B) Water weight variance	(C) Freeze time	(D) Dry time	(C + D) Total time	Batch notes
		1		Y / N	Y / N							
		2		Y / N	Y / N							
		3		Y / N	Y / N							
		4		Y / N	Y / N							
		5		Y / N	Y / N							

Freeze Dryer Log

Batch No.	Date	Tray	Product	Cooked Y/N	Pre-Frozen Y/N	(A) Wet weight	(B) Dry weight	(A - B) Water weight variance	(C) Freeze time	(D) Dry time	(C + D) Total time	Batch notes
		1		Y/N	Y/N							
		2		Y/N	Y/N							
		3		Y/N	Y/N							
		4		Y/N	Y/N							
		5		Y/N	Y/N							

Batch No.	Date	Tray	Product	Cooked Y/N	Pre-Frozen Y/N	(A) Wet weight	(B) Dry weight	(A - B) Water weight variance	(C) Freeze time	(D) Dry time	(C + D) Total time	Batch notes
		1		Y/N	Y/N							
		2		Y/N	Y/N							
		3		Y/N	Y/N							
		4		Y/N	Y/N							
		5		Y/N	Y/N							

Batch No.	Date	Tray	Product	Cooked Y/N	Pre-Frozen Y/N	(A) Wet weight	(B) Dry weight	(A - B) Water weight variance	(C) Freeze time	(D) Dry time	(C + D) Total time	Batch notes
		1		Y/N	Y/N							
		2		Y/N	Y/N							
		3		Y/N	Y/N							
		4		Y/N	Y/N							
		5		Y/N	Y/N							

Freeze Dryer Log

Batch No.	Date	Tray	Product	Cooked Y/N	Pre-Frozen Y/N	(A) Wet weight	(B) Dry weight	(A - B) Water weight variance	(C) Freeze time	(D) Dry time	(C + D) Total time	Batch notes
		1		Y/N	Y/N							
		2		Y/N	Y/N							
		3		Y/N	Y/N							
		4		Y/N	Y/N							
		5		Y/N	Y/N							

Batch No.	Date	Tray	Product	Cooked Y/N	Pre-Frozen Y/N	(A) Wet weight	(B) Dry weight	(A - B) Water weight variance	(C) Freeze time	(D) Dry time	(C + D) Total time	Batch notes
		1		Y/N	Y/N							
		2		Y/N	Y/N							
		3		Y/N	Y/N							
		4		Y/N	Y/N							
		5		Y/N	Y/N							

Batch No.	Date	Tray	Product	Cooked Y/N	Pre-Frozen Y/N	(A) Wet weight	(B) Dry weight	(A - B) Water weight variance	(C) Freeze time	(D) Dry time	(C + D) Total time	Batch notes
		1		Y/N	Y/N							
		2		Y/N	Y/N							
		3		Y/N	Y/N							
		4		Y/N	Y/N							
		5		Y/N	Y/N							

Freeze Dryer Log

Batch No. ___ Date ___

Tray	Product	Cooked Y/N	Pre-Frozen Y/N	(A) Wet weight	(B) Dry weight	(A - B) Water weight variance	(C) Freeze time	(D) Dry time	(C + D) Total time	Batch notes
1		Y / N	Y / N							
2		Y / N	Y / N							
3		Y / N	Y / N							
4		Y / N	Y / N							
5		Y / N	Y / N							

Batch No. ___ Date ___

Tray	Product	Cooked Y/N	Pre-Frozen Y/N	(A) Wet weight	(B) Dry weight	(A - B) Water weight variance	(C) Freeze time	(D) Dry time	(C + D) Total time	Batch notes
1		Y / N	Y / N							
2		Y / N	Y / N							
3		Y / N	Y / N							
4		Y / N	Y / N							
5		Y / N	Y / N							

Batch No. ___ Date ___

Tray	Product	Cooked Y/N	Pre-Frozen Y/N	(A) Wet weight	(B) Dry weight	(A - B) Water weight variance	(C) Freeze time	(D) Dry time	(C + D) Total time	Batch notes
1		Y / N	Y / N							
2		Y / N	Y / N							
3		Y / N	Y / N							
4		Y / N	Y / N							
5		Y / N	Y / N							

Freeze Dryer Log

Batch No.	Date	Tray	Product	Cooked Y/N	Pre-Frozen Y/N	(A) Wet weight	(B) Dry weight	(A - B) Water weight variance	(C) Freeze time	(D) Dry time	(C + D) Total time	Batch notes
		1		Y/N	Y/N							
		2		Y/N	Y/N							
		3		Y/N	Y/N							
		4		Y/N	Y/N							
		5		Y/N	Y/N							

Batch No.	Date	Tray	Product	Cooked Y/N	Pre-Frozen Y/N	(A) Wet weight	(B) Dry weight	(A - B) Water weight variance	(C) Freeze time	(D) Dry time	(C + D) Total time	Batch notes
		1		Y/N	Y/N							
		2		Y/N	Y/N							
		3		Y/N	Y/N							
		4		Y/N	Y/N							
		5		Y/N	Y/N							

Batch No.	Date	Tray	Product	Cooked Y/N	Pre-Frozen Y/N	(A) Wet weight	(B) Dry weight	(A - B) Water weight variance	(C) Freeze time	(D) Dry time	(C + D) Total time	Batch notes
		1		Y/N	Y/N							
		2		Y/N	Y/N							
		3		Y/N	Y/N							
		4		Y/N	Y/N							
		5		Y/N	Y/N							

Freeze Dryer Log

Batch No. ___ Date ___

Tray	Product	Cooked Y/N	Pre-Frozen Y/N	(A) Wet weight	(B) Dry weight	(A - B) Water weight variance	(C) Freeze time	(D) Dry time	(C + D) Total time	Batch notes
1		Y/N	Y/N							
2		Y/N	Y/N							
3		Y/N	Y/N							
4		Y/N	Y/N							
5		Y/N	Y/N							

Batch No. ___ Date ___

Tray	Product	Cooked Y/N	Pre-Frozen Y/N	(A) Wet weight	(B) Dry weight	(A - B) Water weight variance	(C) Freeze time	(D) Dry time	(C + D) Total time	Batch notes
1		Y/N	Y/N							
2		Y/N	Y/N							
3		Y/N	Y/N							
4		Y/N	Y/N							
5		Y/N	Y/N							

Batch No. ___ Date ___

Tray	Product	Cooked Y/N	Pre-Frozen Y/N	(A) Wet weight	(B) Dry weight	(A - B) Water weight variance	(C) Freeze time	(D) Dry time	(C + D) Total time	Batch notes
1		Y/N	Y/N							
2		Y/N	Y/N							
3		Y/N	Y/N							
4		Y/N	Y/N							
5		Y/N	Y/N							

Freeze Dryer Log

Batch No.	Date	Tray	Product	Cooked Y/N	Pre-Frozen Y/N	(A) Wet weight	(B) Dry weight	(A - B) Water weight variance	(C) Freeze time	(D) Dry time	(C + D) Total time	Batch notes
		1		Y / N	Y / N							
		2		Y / N	Y / N							
		3		Y / N	Y / N							
		4		Y / N	Y / N							
		5		Y / N	Y / N							

Batch No.	Date	Tray	Product	Cooked Y/N	Pre-Frozen Y/N	(A) Wet weight	(B) Dry weight	(A - B) Water weight variance	(C) Freeze time	(D) Dry time	(C + D) Total time	Batch notes
		1		Y / N	Y / N							
		2		Y / N	Y / N							
		3		Y / N	Y / N							
		4		Y / N	Y / N							
		5		Y / N	Y / N							

Batch No.	Date	Tray	Product	Cooked Y/N	Pre-Frozen Y/N	(A) Wet weight	(B) Dry weight	(A - B) Water weight variance	(C) Freeze time	(D) Dry time	(C + D) Total time	Batch notes
		1		Y / N	Y / N							
		2		Y / N	Y / N							
		3		Y / N	Y / N							
		4		Y / N	Y / N							
		5		Y / N	Y / N							

Freeze Dryer Log

Batch No. ___ Date ___

Tray	Product	Cooked Y/N	Pre-Frozen Y/N	(A) Wet weight	(B) Dry weight	(A - B) Water weight variance	(C) Freeze time	(D) Dry time	(C + D) Total time	Batch notes
1		Y / N	Y / N							
2		Y / N	Y / N							
3		Y / N	Y / N							
4		Y / N	Y / N							
5		Y / N	Y / N							

Batch No. ___ Date ___

Tray	Product	Cooked Y/N	Pre-Frozen Y/N	(A) Wet weight	(B) Dry weight	(A - B) Water weight variance	(C) Freeze time	(D) Dry time	(C + D) Total time	Batch notes
1		Y / N	Y / N							
2		Y / N	Y / N							
3		Y / N	Y / N							
4		Y / N	Y / N							
5		Y / N	Y / N							

Batch No. ___ Date ___

Tray	Product	Cooked Y/N	Pre-Frozen Y/N	(A) Wet weight	(B) Dry weight	(A - B) Water weight variance	(C) Freeze time	(D) Dry time	(C + D) Total time	Batch notes
1		Y / N	Y / N							
2		Y / N	Y / N							
3		Y / N	Y / N							
4		Y / N	Y / N							
5		Y / N	Y / N							

Freeze Dryer Log

Block 1

Batch No.: _____ **Date:** _____

Tray	Product	Cooked Y/N	Pre-Frozen Y/N	(A) Wet weight	(B) Dry weight	(A - B) Water weight variance	(C) Freeze time	(D) Dry time	(C + D) Total time	Batch notes
1		Y / N	Y / N							
2		Y / N	Y / N							
3		Y / N	Y / N							
4		Y / N	Y / N							
5		Y / N	Y / N							

Block 2

Batch No.: _____ **Date:** _____

Tray	Product	Cooked Y/N	Pre-Frozen Y/N	(A) Wet weight	(B) Dry weight	(A - B) Water weight variance	(C) Freeze time	(D) Dry time	(C + D) Total time	Batch notes
1		Y / N	Y / N							
2		Y / N	Y / N							
3		Y / N	Y / N							
4		Y / N	Y / N							
5		Y / N	Y / N							

Block 3

Batch No.: _____ **Date:** _____

Tray	Product	Cooked Y/N	Pre-Frozen Y/N	(A) Wet weight	(B) Dry weight	(A - B) Water weight variance	(C) Freeze time	(D) Dry time	(C + D) Total time	Batch notes
1		Y / N	Y / N							
2		Y / N	Y / N							
3		Y / N	Y / N							
4		Y / N	Y / N							
5		Y / N	Y / N							

Freeze Dryer Log

Batch No.	Date	Tray	Product	Cooked Y / N	Pre-Frozen Y / N	(A) Wet weight	(B) Dry weight	(A - B) Water weight variance	(C) Freeze time	(D) Dry time	(C + D) Total time	Batch notes
		1		Y / N	Y / N							
		2		Y / N	Y / N							
		3		Y / N	Y / N							
		4		Y / N	Y / N							
		5		Y / N	Y / N							

Batch No.	Date	Tray	Product	Cooked Y / N	Pre-Frozen Y / N	(A) Wet weight	(B) Dry weight	(A - B) Water weight variance	(C) Freeze time	(D) Dry time	(C + D) Total time	Batch notes
		1		Y / N	Y / N							
		2		Y / N	Y / N							
		3		Y / N	Y / N							
		4		Y / N	Y / N							
		5		Y / N	Y / N							

Batch No.	Date	Tray	Product	Cooked Y / N	Pre-Frozen Y / N	(A) Wet weight	(B) Dry weight	(A - B) Water weight variance	(C) Freeze time	(D) Dry time	(C + D) Total time	Batch notes
		1		Y / N	Y / N							
		2		Y / N	Y / N							
		3		Y / N	Y / N							
		4		Y / N	Y / N							
		5		Y / N	Y / N							

Freeze Dryer Log

Batch No.	Date	Tray	Product	Cooked Y/N	Pre-Frozen Y/N	(A) Wet weight	(B) Dry weight	(A - B) Water weight variance	(C) Freeze time	(D) Dry time	(C + D) Total time	Batch notes
		1		Y/N	Y/N							
		2		Y/N	Y/N							
		3		Y/N	Y/N							
		4		Y/N	Y/N							
		5		Y/N	Y/N							

Batch No.	Date	Tray	Product	Cooked Y/N	Pre-Frozen Y/N	(A) Wet weight	(B) Dry weight	(A - B) Water weight variance	(C) Freeze time	(D) Dry time	(C + D) Total time	Batch notes
		1		Y/N	Y/N							
		2		Y/N	Y/N							
		3		Y/N	Y/N							
		4		Y/N	Y/N							
		5		Y/N	Y/N							

Batch No.	Date	Tray	Product	Cooked Y/N	Pre-Frozen Y/N	(A) Wet weight	(B) Dry weight	(A - B) Water weight variance	(C) Freeze time	(D) Dry time	(C + D) Total time	Batch notes
		1		Y/N	Y/N							
		2		Y/N	Y/N							
		3		Y/N	Y/N							
		4		Y/N	Y/N							
		5		Y/N	Y/N							

Freeze Dryer Log

Batch No.	Date	Tray	Product	Cooked Y/N	Pre-Frozen Y/N	(A) Wet weight	(B) Dry weight	(A - B) Water weight variance	(C) Freeze time	(D) Dry time	(C + D) Total time	Batch notes
		1		Y / N	Y / N							
		2		Y / N	Y / N							
		3		Y / N	Y / N							
		4		Y / N	Y / N							
		5		Y / N	Y / N							

Batch No.	Date	Tray	Product	Cooked Y/N	Pre-Frozen Y/N	(A) Wet weight	(B) Dry weight	(A - B) Water weight variance	(C) Freeze time	(D) Dry time	(C + D) Total time	Batch notes
		1		Y / N	Y / N							
		2		Y / N	Y / N							
		3		Y / N	Y / N							
		4		Y / N	Y / N							
		5		Y / N	Y / N							

Batch No.	Date	Tray	Product	Cooked Y/N	Pre-Frozen Y/N	(A) Wet weight	(B) Dry weight	(A - B) Water weight variance	(C) Freeze time	(D) Dry time	(C + D) Total time	Batch notes
		1		Y / N	Y / N							
		2		Y / N	Y / N							
		3		Y / N	Y / N							
		4		Y / N	Y / N							
		5		Y / N	Y / N							

Freeze Dryer Log

Batch No. ___   Date ___

Tray	Product	Cooked Y/N	Pre-Frozen Y/N	(A) Wet weight	(B) Dry weight	(A - B) Water weight variance	(C) Freeze time	(D) Dry time	(C + D) Total time	Batch notes
1		Y / N	Y / N							
2		Y / N	Y / N							
3		Y / N	Y / N							
4		Y / N	Y / N							
5		Y / N	Y / N							

Batch No. ___   Date ___

Tray	Product	Cooked Y/N	Pre-Frozen Y/N	(A) Wet weight	(B) Dry weight	(A - B) Water weight variance	(C) Freeze time	(D) Dry time	(C + D) Total time	Batch notes
1		Y / N	Y / N							
2		Y / N	Y / N							
3		Y / N	Y / N							
4		Y / N	Y / N							
5		Y / N	Y / N							

Batch No. ___   Date ___

Tray	Product	Cooked Y/N	Pre-Frozen Y/N	(A) Wet weight	(B) Dry weight	(A - B) Water weight variance	(C) Freeze time	(D) Dry time	(C + D) Total time	Batch notes
1		Y / N	Y / N							
2		Y / N	Y / N							
3		Y / N	Y / N							
4		Y / N	Y / N							
5		Y / N	Y / N							

Freeze Dryer Log

Batch No.	Date	Tray	Product	Cooked Y/N	Pre-Frozen Y/N	(A) Wet weight	(B) Dry weight	(A - B) Water weight variance	(C) Freeze time	(D) Dry time	(C + D) Total time	Batch notes
		1		Y/N	Y/N							
		2		Y/N	Y/N							
		3		Y/N	Y/N							
		4		Y/N	Y/N							
		5		Y/N	Y/N							

Batch No.	Date	Tray	Product	Cooked Y/N	Pre-Frozen Y/N	(A) Wet weight	(B) Dry weight	(A - B) Water weight variance	(C) Freeze time	(D) Dry time	(C + D) Total time	Batch notes
		1		Y/N	Y/N							
		2		Y/N	Y/N							
		3		Y/N	Y/N							
		4		Y/N	Y/N							
		5		Y/N	Y/N							

Batch No.	Date	Tray	Product	Cooked Y/N	Pre-Frozen Y/N	(A) Wet weight	(B) Dry weight	(A - B) Water weight variance	(C) Freeze time	(D) Dry time	(C + D) Total time	Batch notes
		1		Y/N	Y/N							
		2		Y/N	Y/N							
		3		Y/N	Y/N							
		4		Y/N	Y/N							
		5		Y/N	Y/N							

Freeze Dryer Log

Batch No.	Date	Tray	Product	Cooked Y/N	Pre-Frozen Y/N	(A) Wet weight	(B) Dry weight	(A - B) Water weight variance	(C) Freeze time	(D) Dry time	(C + D) Total time	Batch notes
		1		Y / N	Y / N							
		2		Y / N	Y / N							
		3		Y / N	Y / N							
		4		Y / N	Y / N							
		5		Y / N	Y / N							

Batch No.	Date	Tray	Product	Cooked Y/N	Pre-Frozen Y/N	(A) Wet weight	(B) Dry weight	(A - B) Water weight variance	(C) Freeze time	(D) Dry time	(C + D) Total time	Batch notes
		1		Y / N	Y / N							
		2		Y / N	Y / N							
		3		Y / N	Y / N							
		4		Y / N	Y / N							
		5		Y / N	Y / N							

Batch No.	Date	Tray	Product	Cooked Y/N	Pre-Frozen Y/N	(A) Wet weight	(B) Dry weight	(A - B) Water weight variance	(C) Freeze time	(D) Dry time	(C + D) Total time	Batch notes
		1		Y / N	Y / N							
		2		Y / N	Y / N							
		3		Y / N	Y / N							
		4		Y / N	Y / N							
		5		Y / N	Y / N							

Freeze Dryer Log

Batch No. — Date

Tray	Product	Cooked Y/N	Pre-Frozen Y/N	(A) Wet weight	(B) Dry weight	(A - B) Water weight variance	(C) Freeze time	(D) Dry time	(C + D) Total time	Batch notes
1		Y / N	Y / N							
2		Y / N	Y / N							
3		Y / N	Y / N							
4		Y / N	Y / N							
5		Y / N	Y / N							

Batch No. — Date

Tray	Product	Cooked Y/N	Pre-Frozen Y/N	(A) Wet weight	(B) Dry weight	(A - B) Water weight variance	(C) Freeze time	(D) Dry time	(C + D) Total time	Batch notes
1		Y / N	Y / N							
2		Y / N	Y / N							
3		Y / N	Y / N							
4		Y / N	Y / N							
5		Y / N	Y / N							

Batch No. — Date

Tray	Product	Cooked Y/N	Pre-Frozen Y/N	(A) Wet weight	(B) Dry weight	(A - B) Water weight variance	(C) Freeze time	(D) Dry time	(C + D) Total time	Batch notes
1		Y / N	Y / N							
2		Y / N	Y / N							
3		Y / N	Y / N							
4		Y / N	Y / N							
5		Y / N	Y / N							

Freeze Dryer Log

Batch No. / Date

Tray	Product	Cooked Y / N	Pre-Frozen Y / N	(A) Wet weight	(B) Dry weight	(A - B) Water weight variance	(C) Freeze time	(D) Dry time	(C + D) Total time	Batch notes
1		Y / N	Y / N							
2		Y / N	Y / N							
3		Y / N	Y / N							
4		Y / N	Y / N							
5		Y / N	Y / N							

Batch No. / Date

Tray	Product	Cooked Y / N	Pre-Frozen Y / N	(A) Wet weight	(B) Dry weight	(A - B) Water weight variance	(C) Freeze time	(D) Dry time	(C + D) Total time	Batch notes
1		Y / N	Y / N							
2		Y / N	Y / N							
3		Y / N	Y / N							
4		Y / N	Y / N							
5		Y / N	Y / N							

Batch No. / Date

Tray	Product	Cooked Y / N	Pre-Frozen Y / N	(A) Wet weight	(B) Dry weight	(A - B) Water weight variance	(C) Freeze time	(D) Dry time	(C + D) Total time	Batch notes
1		Y / N	Y / N							
2		Y / N	Y / N							
3		Y / N	Y / N							
4		Y / N	Y / N							
5		Y / N	Y / N							

Freeze Dryer Log

Batch No.	Date	Tray	Product	Cooked Y/N	Pre-Frozen Y/N	(A) Wet weight	(B) Dry weight	(A - B) Water weight variance	(C) Freeze time	(D) Dry time	(C + D) Total time	Batch notes
		1		Y/N	Y/N							
		2		Y/N	Y/N							
		3		Y/N	Y/N							
		4		Y/N	Y/N							
		5		Y/N	Y/N							

Batch No.	Date	Tray	Product	Cooked Y/N	Pre-Frozen Y/N	(A) Wet weight	(B) Dry weight	(A - B) Water weight variance	(C) Freeze time	(D) Dry time	(C + D) Total time	Batch notes
		1		Y/N	Y/N							
		2		Y/N	Y/N							
		3		Y/N	Y/N							
		4		Y/N	Y/N							
		5		Y/N	Y/N							

Batch No.	Date	Tray	Product	Cooked Y/N	Pre-Frozen Y/N	(A) Wet weight	(B) Dry weight	(A - B) Water weight variance	(C) Freeze time	(D) Dry time	(C + D) Total time	Batch notes
		1		Y/N	Y/N							
		2		Y/N	Y/N							
		3		Y/N	Y/N							
		4		Y/N	Y/N							
		5		Y/N	Y/N							

Freeze Dryer Log

Batch No.	Date	Tray	Product	Cooked Y/N	Pre-Frozen Y/N	(A) Wet weight	(B) Dry weight	(A - B) Water weight variance	(C) Freeze time	(D) Dry time	(C + D) Total time	Batch notes
		1		Y/N	Y/N							
		2		Y/N	Y/N							
		3		Y/N	Y/N							
		4		Y/N	Y/N							
		5		Y/N	Y/N							

Batch No.	Date	Tray	Product	Cooked Y/N	Pre-Frozen Y/N	(A) Wet weight	(B) Dry weight	(A - B) Water weight variance	(C) Freeze time	(D) Dry time	(C + D) Total time	Batch notes
		1		Y/N	Y/N							
		2		Y/N	Y/N							
		3		Y/N	Y/N							
		4		Y/N	Y/N							
		5		Y/N	Y/N							

Batch No.	Date	Tray	Product	Cooked Y/N	Pre-Frozen Y/N	(A) Wet weight	(B) Dry weight	(A - B) Water weight variance	(C) Freeze time	(D) Dry time	(C + D) Total time	Batch notes
		1		Y/N	Y/N							
		2		Y/N	Y/N							
		3		Y/N	Y/N							
		4		Y/N	Y/N							
		5		Y/N	Y/N							

Freeze Dryer Log

Block 1

Batch No.	Date	Tray	Product	Cooked Y/N	Pre-Frozen Y/N	(A) Wet weight	(B) Dry weight	(A - B) Water weight variance	(C) Freeze time	(D) Dry time	(C + D) Total time	Batch notes
		1		Y/N	Y/N							
		2		Y/N	Y/N							
		3		Y/N	Y/N							
		4		Y/N	Y/N							
		5		Y/N	Y/N							

Block 2

Batch No.	Date	Tray	Product	Cooked Y/N	Pre-Frozen Y/N	(A) Wet weight	(B) Dry weight	(A - B) Water weight variance	(C) Freeze time	(D) Dry time	(C + D) Total time	Batch notes
		1		Y/N	Y/N							
		2		Y/N	Y/N							
		3		Y/N	Y/N							
		4		Y/N	Y/N							
		5		Y/N	Y/N							

Block 3

Batch No.	Date	Tray	Product	Cooked Y/N	Pre-Frozen Y/N	(A) Wet weight	(B) Dry weight	(A - B) Water weight variance	(C) Freeze time	(D) Dry time	(C + D) Total time	Batch notes
		1		Y/N	Y/N							
		2		Y/N	Y/N							
		3		Y/N	Y/N							
		4		Y/N	Y/N							
		5		Y/N	Y/N							

Freeze Dryer Log

Batch No.	Date	Tray	Product	Cooked Y/N	Pre-Frozen Y/N	(A) Wet weight	(B) Dry weight	(A - B) Water weight variance	(C) Freeze time	(D) Dry time	(C + D) Total time	Batch notes
		1		Y / N	Y / N							
		2		Y / N	Y / N							
		3		Y / N	Y / N							
		4		Y / N	Y / N							
		5		Y / N	Y / N							

Batch No.	Date	Tray	Product	Cooked Y/N	Pre-Frozen Y/N	(A) Wet weight	(B) Dry weight	(A - B) Water weight variance	(C) Freeze time	(D) Dry time	(C + D) Total time	Batch notes
		1		Y / N	Y / N							
		2		Y / N	Y / N							
		3		Y / N	Y / N							
		4		Y / N	Y / N							
		5		Y / N	Y / N							

Batch No.	Date	Tray	Product	Cooked Y/N	Pre-Frozen Y/N	(A) Wet weight	(B) Dry weight	(A - B) Water weight variance	(C) Freeze time	(D) Dry time	(C + D) Total time	Batch notes
		1		Y / N	Y / N							
		2		Y / N	Y / N							
		3		Y / N	Y / N							
		4		Y / N	Y / N							
		5		Y / N	Y / N							

Freeze Dryer Log

Batch No.	Date	Tray	Product	Cooked Y / N	Pre-Frozen Y / N	(A) Wet weight	(B) Dry weight	(A - B) Water weight variance	(C) Freeze time	(D) Dry time	(C + D) Total time	Batch notes
		1		Y / N	Y / N							
		2		Y / N	Y / N							
		3		Y / N	Y / N							
		4		Y / N	Y / N							
		5		Y / N	Y / N							

Batch No.	Date	Tray	Product	Cooked Y / N	Pre-Frozen Y / N	(A) Wet weight	(B) Dry weight	(A - B) Water weight variance	(C) Freeze time	(D) Dry time	(C + D) Total time	Batch notes
		1		Y / N	Y / N							
		2		Y / N	Y / N							
		3		Y / N	Y / N							
		4		Y / N	Y / N							
		5		Y / N	Y / N							

Batch No.	Date	Tray	Product	Cooked Y / N	Pre-Frozen Y / N	(A) Wet weight	(B) Dry weight	(A - B) Water weight variance	(C) Freeze time	(D) Dry time	(C + D) Total time	Batch notes
		1		Y / N	Y / N							
		2		Y / N	Y / N							
		3		Y / N	Y / N							
		4		Y / N	Y / N							
		5		Y / N	Y / N							

Freeze Dryer Log

Batch No.	Date	Tray	Product	Cooked Y/N	Pre-Frozen Y/N	(A) Wet weight	(B) Dry weight	(A - B) Water weight variance	(C) Freeze time	(D) Dry time	(C + D) Total time	Batch notes
		1		Y / N	Y / N							
		2		Y / N	Y / N							
		3		Y / N	Y / N							
		4		Y / N	Y / N							
		5		Y / N	Y / N							

Batch No.	Date	Tray	Product	Cooked Y/N	Pre-Frozen Y/N	(A) Wet weight	(B) Dry weight	(A - B) Water weight variance	(C) Freeze time	(D) Dry time	(C + D) Total time	Batch notes
		1		Y / N	Y / N							
		2		Y / N	Y / N							
		3		Y / N	Y / N							
		4		Y / N	Y / N							
		5		Y / N	Y / N							

Batch No.	Date	Tray	Product	Cooked Y/N	Pre-Frozen Y/N	(A) Wet weight	(B) Dry weight	(A - B) Water weight variance	(C) Freeze time	(D) Dry time	(C + D) Total time	Batch notes
		1		Y / N	Y / N							
		2		Y / N	Y / N							
		3		Y / N	Y / N							
		4		Y / N	Y / N							
		5		Y / N	Y / N							

Freeze Dryer Log

Batch No.	Date	Tray	Product	Cooked Y/N	Pre-Frozen Y/N	(A) Wet weight	(B) Dry weight	(A - B) Water weight variance	(C) Freeze time	(D) Dry time	(C + D) Total time	Batch notes
		1		Y/N	Y/N							
		2		Y/N	Y/N							
		3		Y/N	Y/N							
		4		Y/N	Y/N							
		5		Y/N	Y/N							

Batch No.	Date	Tray	Product	Cooked Y/N	Pre-Frozen Y/N	(A) Wet weight	(B) Dry weight	(A - B) Water weight variance	(C) Freeze time	(D) Dry time	(C + D) Total time	Batch notes
		1		Y/N	Y/N							
		2		Y/N	Y/N							
		3		Y/N	Y/N							
		4		Y/N	Y/N							
		5		Y/N	Y/N							

Batch No.	Date	Tray	Product	Cooked Y/N	Pre-Frozen Y/N	(A) Wet weight	(B) Dry weight	(A - B) Water weight variance	(C) Freeze time	(D) Dry time	(C + D) Total time	Batch notes
		1		Y/N	Y/N							
		2		Y/N	Y/N							
		3		Y/N	Y/N							
		4		Y/N	Y/N							
		5		Y/N	Y/N							

Freeze Dryer Log

Batch No.	Date	Tray	Product	Cooked Y/N	Pre-Frozen Y/N	(A) Wet weight	(B) Dry weight	(A - B) Water weight variance	(C) Freeze time	(D) Dry time	(C + D) Total time	Batch notes
		1		Y / N	Y / N							
		2		Y / N	Y / N							
		3		Y / N	Y / N							
		4		Y / N	Y / N							
		5		Y / N	Y / N							

Batch No.	Date	Tray	Product	Cooked Y/N	Pre-Frozen Y/N	(A) Wet weight	(B) Dry weight	(A - B) Water weight variance	(C) Freeze time	(D) Dry time	(C + D) Total time	Batch notes
		1		Y / N	Y / N							
		2		Y / N	Y / N							
		3		Y / N	Y / N							
		4		Y / N	Y / N							
		5		Y / N	Y / N							

Batch No.	Date	Tray	Product	Cooked Y/N	Pre-Frozen Y/N	(A) Wet weight	(B) Dry weight	(A - B) Water weight variance	(C) Freeze time	(D) Dry time	(C + D) Total time	Batch notes
		1		Y / N	Y / N							
		2		Y / N	Y / N							
		3		Y / N	Y / N							
		4		Y / N	Y / N							
		5		Y / N	Y / N							

Freeze Dryer Log

Batch No.	Date	Tray	Product	Cooked Y/N	Pre-Frozen Y/N	(A) Wet weight	(B) Dry weight	(A - B) Water weight variance	(C) Freeze time	(D) Dry time	(C + D) Total time	Batch notes
		1		Y/N	Y/N							
		2		Y/N	Y/N							
		3		Y/N	Y/N							
		4		Y/N	Y/N							
		5		Y/N	Y/N							
		1		Y/N	Y/N							
		2		Y/N	Y/N							
		3		Y/N	Y/N							
		4		Y/N	Y/N							
		5		Y/N	Y/N							
		1		Y/N	Y/N							
		2		Y/N	Y/N							
		3		Y/N	Y/N							
		4		Y/N	Y/N							
		5		Y/N	Y/N							

Freeze Dryer Log

Batch No.	Date	Tray	Product	Cooked Y/N	Pre-Frozen Y/N	(A) Wet weight	(B) Dry weight	(A - B) Water weight variance	(C) Freeze time	(D) Dry time	(C + D) Total time	Batch notes
		1		Y/N	Y/N							
		2		Y/N	Y/N							
		3		Y/N	Y/N							
		4		Y/N	Y/N							
		5		Y/N	Y/N							

Batch No.	Date	Tray	Product	Cooked Y/N	Pre-Frozen Y/N	(A) Wet weight	(B) Dry weight	(A - B) Water weight variance	(C) Freeze time	(D) Dry time	(C + D) Total time	Batch notes
		1		Y/N	Y/N							
		2		Y/N	Y/N							
		3		Y/N	Y/N							
		4		Y/N	Y/N							
		5		Y/N	Y/N							

Batch No.	Date	Tray	Product	Cooked Y/N	Pre-Frozen Y/N	(A) Wet weight	(B) Dry weight	(A - B) Water weight variance	(C) Freeze time	(D) Dry time	(C + D) Total time	Batch notes
		1		Y/N	Y/N							
		2		Y/N	Y/N							
		3		Y/N	Y/N							
		4		Y/N	Y/N							
		5		Y/N	Y/N							

Freeze Dryer Log

Batch 1

Batch No.	Date	Tray	Product	Cooked Y/N	Pre-Frozen Y/N	(A) Wet weight	(B) Dry weight	(A - B) Water weight variance	(C) Freeze time	(D) Dry time	(C + D) Total time	Batch notes
		1		Y / N	Y / N							
		2		Y / N	Y / N							
		3		Y / N	Y / N							
		4		Y / N	Y / N							
		5		Y / N	Y / N							

Batch 2

Batch No.	Date	Tray	Product	Cooked Y/N	Pre-Frozen Y/N	(A) Wet weight	(B) Dry weight	(A - B) Water weight variance	(C) Freeze time	(D) Dry time	(C + D) Total time	Batch notes
		1		Y / N	Y / N							
		2		Y / N	Y / N							
		3		Y / N	Y / N							
		4		Y / N	Y / N							
		5		Y / N	Y / N							

Batch 3

Batch No.	Date	Tray	Product	Cooked Y/N	Pre-Frozen Y/N	(A) Wet weight	(B) Dry weight	(A - B) Water weight variance	(C) Freeze time	(D) Dry time	(C + D) Total time	Batch notes
		1		Y / N	Y / N							
		2		Y / N	Y / N							
		3		Y / N	Y / N							
		4		Y / N	Y / N							
		5		Y / N	Y / N							

©2022 Jessica Callaway Publishing

Freeze Dryer Log

Batch No.	Date	Tray	Product	Cooked Y / N	Pre-Frozen Y / N	(A) Wet weight	(B) Dry weight	(A - B) Water weight variance	(C) Freeze time	(D) Dry time	(C + D) Total time	Batch notes
		1		Y / N	Y / N							
		2		Y / N	Y / N							
		3		Y / N	Y / N							
		4		Y / N	Y / N							
		5		Y / N	Y / N							

Batch No.	Date	Tray	Product	Cooked Y / N	Pre-Frozen Y / N	(A) Wet weight	(B) Dry weight	(A - B) Water weight variance	(C) Freeze time	(D) Dry time	(C + D) Total time	Batch notes
		1		Y / N	Y / N							
		2		Y / N	Y / N							
		3		Y / N	Y / N							
		4		Y / N	Y / N							
		5		Y / N	Y / N							

Batch No.	Date	Tray	Product	Cooked Y / N	Pre-Frozen Y / N	(A) Wet weight	(B) Dry weight	(A - B) Water weight variance	(C) Freeze time	(D) Dry time	(C + D) Total time	Batch notes
		1		Y / N	Y / N							
		2		Y / N	Y / N							
		3		Y / N	Y / N							
		4		Y / N	Y / N							
		5		Y / N	Y / N							

Freeze Dryer Log

Batch No.	Date	Tray	Product	Cooked Y/N	Pre-Frozen Y/N	(A) Wet weight	(B) Dry weight	(A - B) Water weight variance	(C) Freeze time	(D) Dry time	(C + D) Total time	Batch notes
		1		Y/N	Y/N							
		2		Y/N	Y/N							
		3		Y/N	Y/N							
		4		Y/N	Y/N							
		5		Y/N	Y/N							

Batch No.	Date	Tray	Product	Cooked Y/N	Pre-Frozen Y/N	(A) Wet weight	(B) Dry weight	(A - B) Water weight variance	(C) Freeze time	(D) Dry time	(C + D) Total time	Batch notes
		1		Y/N	Y/N							
		2		Y/N	Y/N							
		3		Y/N	Y/N							
		4		Y/N	Y/N							
		5		Y/N	Y/N							

Batch No.	Date	Tray	Product	Cooked Y/N	Pre-Frozen Y/N	(A) Wet weight	(B) Dry weight	(A - B) Water weight variance	(C) Freeze time	(D) Dry time	(C + D) Total time	Batch notes
		1		Y/N	Y/N							
		2		Y/N	Y/N							
		3		Y/N	Y/N							
		4		Y/N	Y/N							
		5		Y/N	Y/N							

Freeze Dryer Log

Batch No.: _____ **Date:** _____

Tray	Product	Cooked Y/N	Pre-Frozen Y/N	(A) Wet weight	(B) Dry weight	(A - B) Water weight variance	(C) Freeze time	(D) Dry time	(C + D) Total time	Batch notes
1		Y / N	Y / N							
2		Y / N	Y / N							
3		Y / N	Y / N							
4		Y / N	Y / N							
5		Y / N	Y / N							

Batch No.: _____ **Date:** _____

Tray	Product	Cooked Y/N	Pre-Frozen Y/N	(A) Wet weight	(B) Dry weight	(A - B) Water weight variance	(C) Freeze time	(D) Dry time	(C + D) Total time	Batch notes
1		Y / N	Y / N							
2		Y / N	Y / N							
3		Y / N	Y / N							
4		Y / N	Y / N							
5		Y / N	Y / N							

Batch No.: _____ **Date:** _____

Tray	Product	Cooked Y/N	Pre-Frozen Y/N	(A) Wet weight	(B) Dry weight	(A - B) Water weight variance	(C) Freeze time	(D) Dry time	(C + D) Total time	Batch notes
1		Y / N	Y / N							
2		Y / N	Y / N							
3		Y / N	Y / N							
4		Y / N	Y / N							
5		Y / N	Y / N							

Freeze Dryer Log

Batch No.	Date	Tray	Product	Cooked Y/N	Pre-Frozen Y/N	(A) Wet weight	(B) Dry weight	(A - B) Water weight variance	(C) Freeze time	(D) Dry time	(C + D) Total time	Batch notes
		1		Y/N	Y/N							
		2		Y/N	Y/N							
		3		Y/N	Y/N							
		4		Y/N	Y/N							
		5		Y/N	Y/N							

Batch No.	Date	Tray	Product	Cooked Y/N	Pre-Frozen Y/N	(A) Wet weight	(B) Dry weight	(A - B) Water weight variance	(C) Freeze time	(D) Dry time	(C + D) Total time	Batch notes
		1		Y/N	Y/N							
		2		Y/N	Y/N							
		3		Y/N	Y/N							
		4		Y/N	Y/N							
		5		Y/N	Y/N							

Batch No.	Date	Tray	Product	Cooked Y/N	Pre-Frozen Y/N	(A) Wet weight	(B) Dry weight	(A - B) Water weight variance	(C) Freeze time	(D) Dry time	(C + D) Total time	Batch notes
		1		Y/N	Y/N							
		2		Y/N	Y/N							
		3		Y/N	Y/N							
		4		Y/N	Y/N							
		5		Y/N	Y/N							

©2022 Jessica Callaway Publishing

Freeze Dryer Log

Batch No.	Date	Tray	Product	Cooked Y/N	Pre-Frozen Y/N	(A) Wet weight	(B) Dry weight	(A - B) Water weight variance	(C) Freeze time	(D) Dry time	(C + D) Total time	Batch notes
		1		Y/N	Y/N							
		2		Y/N	Y/N							
		3		Y/N	Y/N							
		4		Y/N	Y/N							
		5		Y/N	Y/N							
Batch No.	**Date**	**Tray**	**Product**	**Cooked Y/N**	**Pre-Frozen Y/N**	**(A) Wet weight**	**(B) Dry weight**	**(A - B) Water weight variance**	**(C) Freeze time**	**(D) Dry time**	**(C + D) Total time**	**Batch notes**
		1		Y/N	Y/N							
		2		Y/N	Y/N							
		3		Y/N	Y/N							
		4		Y/N	Y/N							
		5		Y/N	Y/N							
Batch No.	**Date**	**Tray**	**Product**	**Cooked Y/N**	**Pre-Frozen Y/N**	**(A) Wet weight**	**(B) Dry weight**	**(A - B) Water weight variance**	**(C) Freeze time**	**(D) Dry time**	**(C + D) Total time**	**Batch notes**
		1		Y/N	Y/N							
		2		Y/N	Y/N							
		3		Y/N	Y/N							
		4		Y/N	Y/N							
		5		Y/N	Y/N							

Freeze Dryer Log

Batch No.	Date	Tray	Product	Cooked Y/N	Pre-Frozen Y/N	(A) Wet weight	(B) Dry weight	(A - B) Water weight variance	(C) Freeze time	(D) Dry time	(C + D) Total time	Batch notes
		1		Y / N	Y / N							
		2		Y / N	Y / N							
		3		Y / N	Y / N							
		4		Y / N	Y / N							
		5		Y / N	Y / N							

Batch No.	Date	Tray	Product	Cooked Y/N	Pre-Frozen Y/N	(A) Wet weight	(B) Dry weight	(A - B) Water weight variance	(C) Freeze time	(D) Dry time	(C + D) Total time	Batch notes
		1		Y / N	Y / N							
		2		Y / N	Y / N							
		3		Y / N	Y / N							
		4		Y / N	Y / N							
		5		Y / N	Y / N							

Batch No.	Date	Tray	Product	Cooked Y/N	Pre-Frozen Y/N	(A) Wet weight	(B) Dry weight	(A - B) Water weight variance	(C) Freeze time	(D) Dry time	(C + D) Total time	Batch notes
		1		Y / N	Y / N							
		2		Y / N	Y / N							
		3		Y / N	Y / N							
		4		Y / N	Y / N							
		5		Y / N	Y / N							

Freeze Dryer Log

Batch No.	Date	Tray	Product	Cooked Y/N	Pre-Frozen Y/N	(A) Wet weight	(B) Dry weight	(A - B) Water weight variance	(C) Freeze time	(D) Dry time	(C + D) Total time	Batch notes
		1		Y / N	Y / N							
		2		Y / N	Y / N							
		3		Y / N	Y / N							
		4		Y / N	Y / N							
		5		Y / N	Y / N							

Batch No.	Date	Tray	Product	Cooked Y/N	Pre-Frozen Y/N	(A) Wet weight	(B) Dry weight	(A - B) Water weight variance	(C) Freeze time	(D) Dry time	(C + D) Total time	Batch notes
		1		Y / N	Y / N							
		2		Y / N	Y / N							
		3		Y / N	Y / N							
		4		Y / N	Y / N							
		5		Y / N	Y / N							

Batch No.	Date	Tray	Product	Cooked Y/N	Pre-Frozen Y/N	(A) Wet weight	(B) Dry weight	(A - B) Water weight variance	(C) Freeze time	(D) Dry time	(C + D) Total time	Batch notes
		1		Y / N	Y / N							
		2		Y / N	Y / N							
		3		Y / N	Y / N							
		4		Y / N	Y / N							
		5		Y / N	Y / N							

Freeze Dryer Log

Batch No.	Date	Tray	Product	Cooked Y/N	Pre-Frozen Y/N	(A) Wet weight	(B) Dry weight	(A - B) Water weight variance	(C) Freeze time	(D) Dry time	(C + D) Total time	Batch notes
		1		Y/N	Y/N							
		2		Y/N	Y/N							
		3		Y/N	Y/N							
		4		Y/N	Y/N							
		5		Y/N	Y/N							

Batch No.	Date	Tray	Product	Cooked Y/N	Pre-Frozen Y/N	(A) Wet weight	(B) Dry weight	(A - B) Water weight variance	(C) Freeze time	(D) Dry time	(C + D) Total time	Batch notes
		1		Y/N	Y/N							
		2		Y/N	Y/N							
		3		Y/N	Y/N							
		4		Y/N	Y/N							
		5		Y/N	Y/N							

Batch No.	Date	Tray	Product	Cooked Y/N	Pre-Frozen Y/N	(A) Wet weight	(B) Dry weight	(A - B) Water weight variance	(C) Freeze time	(D) Dry time	(C + D) Total time	Batch notes
		1		Y/N	Y/N							
		2		Y/N	Y/N							
		3		Y/N	Y/N							
		4		Y/N	Y/N							
		5		Y/N	Y/N							

Freeze Dryer Log

Batch No.	Date	Tray	Product	Cooked	Pre-Frozen	(A) Wet weight	(B) Dry weight	(A - B) Water weight variance	(C) Freeze time	(D) Dry time	(C + D) Total time	Batch notes
		1		Y / N	Y / N							
		2		Y / N	Y / N							
		3		Y / N	Y / N							
		4		Y / N	Y / N							
		5		Y / N	Y / N							

Batch No.	Date	Tray	Product	Cooked	Pre-Frozen	(A) Wet weight	(B) Dry weight	(A - B) Water weight variance	(C) Freeze time	(D) Dry time	(C + D) Total time	Batch notes
		1		Y / N	Y / N							
		2		Y / N	Y / N							
		3		Y / N	Y / N							
		4		Y / N	Y / N							
		5		Y / N	Y / N							

Batch No.	Date	Tray	Product	Cooked	Pre-Frozen	(A) Wet weight	(B) Dry weight	(A - B) Water weight variance	(C) Freeze time	(D) Dry time	(C + D) Total time	Batch notes
		1		Y / N	Y / N							
		2		Y / N	Y / N							
		3		Y / N	Y / N							
		4		Y / N	Y / N							
		5		Y / N	Y / N							

Freeze Dryer Log

Batch No.	Date	Tray	Product	Cooked Y/N	Pre-Frozen Y/N	(A) Wet weight	(B) Dry weight	(A - B) Water weight variance	(C) Freeze time	(D) Dry time	(C + D) Total time	Batch notes
		1		Y/N	Y/N							
		2		Y/N	Y/N							
		3		Y/N	Y/N							
		4		Y/N	Y/N							
		5		Y/N	Y/N							

Batch No.	Date	Tray	Product	Cooked Y/N	Pre-Frozen Y/N	(A) Wet weight	(B) Dry weight	(A - B) Water weight variance	(C) Freeze time	(D) Dry time	(C + D) Total time	Batch notes
		1		Y/N	Y/N							
		2		Y/N	Y/N							
		3		Y/N	Y/N							
		4		Y/N	Y/N							
		5		Y/N	Y/N							

Batch No.	Date	Tray	Product	Cooked Y/N	Pre-Frozen Y/N	(A) Wet weight	(B) Dry weight	(A - B) Water weight variance	(C) Freeze time	(D) Dry time	(C + D) Total time	Batch notes
		1		Y/N	Y/N							
		2		Y/N	Y/N							
		3		Y/N	Y/N							
		4		Y/N	Y/N							
		5		Y/N	Y/N							

Freeze Dryer Log

Batch No.	Date	Tray	Product	Cooked Y/N	Pre-Frozen Y/N	(A) Wet weight	(B) Dry weight	(A - B) Water weight variance	(C) Freeze time	(D) Dry time	(C + D) Total time	Batch notes
		1		Y/N	Y/N							
		2		Y/N	Y/N							
		3		Y/N	Y/N							
		4		Y/N	Y/N							
		5		Y/N	Y/N							

Batch No.	Date	Tray	Product	Cooked Y/N	Pre-Frozen Y/N	(A) Wet weight	(B) Dry weight	(A - B) Water weight variance	(C) Freeze time	(D) Dry time	(C + D) Total time	Batch notes
		1		Y/N	Y/N							
		2		Y/N	Y/N							
		3		Y/N	Y/N							
		4		Y/N	Y/N							
		5		Y/N	Y/N							

Batch No.	Date	Tray	Product	Cooked Y/N	Pre-Frozen Y/N	(A) Wet weight	(B) Dry weight	(A - B) Water weight variance	(C) Freeze time	(D) Dry time	(C + D) Total time	Batch notes
		1		Y/N	Y/N							
		2		Y/N	Y/N							
		3		Y/N	Y/N							
		4		Y/N	Y/N							
		5		Y/N	Y/N							

Freeze Dryer Log

Batch No. _____ **Date** _____

Tray	Product	Cooked Y/N	Pre-Frozen Y/N	(A) Wet weight	(B) Dry weight	(A - B) Water weight variance	(C) Freeze time	(D) Dry time	(C + D) Total time	Batch notes
1		Y / N	Y / N							
2		Y / N	Y / N							
3		Y / N	Y / N							
4		Y / N	Y / N							
5		Y / N	Y / N							

Batch No. _____ **Date** _____

Tray	Product	Cooked Y/N	Pre-Frozen Y/N	(A) Wet weight	(B) Dry weight	(A - B) Water weight variance	(C) Freeze time	(D) Dry time	(C + D) Total time	Batch notes
1		Y / N	Y / N							
2		Y / N	Y / N							
3		Y / N	Y / N							
4		Y / N	Y / N							
5		Y / N	Y / N							

Batch No. _____ **Date** _____

Tray	Product	Cooked Y/N	Pre-Frozen Y/N	(A) Wet weight	(B) Dry weight	(A - B) Water weight variance	(C) Freeze time	(D) Dry time	(C + D) Total time	Batch notes
1		Y / N	Y / N							
2		Y / N	Y / N							
3		Y / N	Y / N							
4		Y / N	Y / N							
5		Y / N	Y / N							

Freeze Dryer Log

Batch No.	Date	Product / Tray	Cooked Y/N	Pre-Frozen Y/N	(A) Wet weight	(B) Dry weight	(A - B) Water weight variance	(C) Freeze time	(D) Dry time	(C + D) Total time	Batch notes
		1	Y / N	Y / N							
		2	Y / N	Y / N							
		3	Y / N	Y / N							
		4	Y / N	Y / N							
		5	Y / N	Y / N							

Batch No.	Date	Product / Tray	Cooked Y/N	Pre-Frozen Y/N	(A) Wet weight	(B) Dry weight	(A - B) Water weight variance	(C) Freeze time	(D) Dry time	(C + D) Total time	Batch notes
		1	Y / N	Y / N							
		2	Y / N	Y / N							
		3	Y / N	Y / N							
		4	Y / N	Y / N							
		5	Y / N	Y / N							

Batch No.	Date	Product / Tray	Cooked Y/N	Pre-Frozen Y/N	(A) Wet weight	(B) Dry weight	(A - B) Water weight variance	(C) Freeze time	(D) Dry time	(C + D) Total time	Batch notes
		1	Y / N	Y / N							
		2	Y / N	Y / N							
		3	Y / N	Y / N							
		4	Y / N	Y / N							
		5	Y / N	Y / N							

Freeze Dryer Log

Batch 1

Batch No.	Date	Tray	Product	Cooked Y/N	Pre-Frozen Y/N	(A) Wet weight	(B) Dry weight	(A - B) Water weight variance	(C) Freeze time	(D) Dry time	(C + D) Total time	Batch notes
		1		Y / N	Y / N							
		2		Y / N	Y / N							
		3		Y / N	Y / N							
		4		Y / N	Y / N							
		5		Y / N	Y / N							

Batch 2

Batch No.	Date	Tray	Product	Cooked Y/N	Pre-Frozen Y/N	(A) Wet weight	(B) Dry weight	(A - B) Water weight variance	(C) Freeze time	(D) Dry time	(C + D) Total time	Batch notes
		1		Y / N	Y / N							
		2		Y / N	Y / N							
		3		Y / N	Y / N							
		4		Y / N	Y / N							
		5		Y / N	Y / N							

Batch 3

Batch No.	Date	Tray	Product	Cooked Y/N	Pre-Frozen Y/N	(A) Wet weight	(B) Dry weight	(A - B) Water weight variance	(C) Freeze time	(D) Dry time	(C + D) Total time	Batch notes
		1		Y / N	Y / N							
		2		Y / N	Y / N							
		3		Y / N	Y / N							
		4		Y / N	Y / N							
		5		Y / N	Y / N							

Freeze Dryer Log

Batch No.	Date	Tray	Product	Cooked Y/N	Pre-Frozen Y/N	(A) Wet weight	(B) Dry weight	(A - B) Water weight variance	(C) Freeze time	(D) Dry time	(C + D) Total time	Batch notes
		1		Y / N	Y / N							
		2		Y / N	Y / N							
		3		Y / N	Y / N							
		4		Y / N	Y / N							
		5		Y / N	Y / N							
		1		Y / N	Y / N							
		2		Y / N	Y / N							
		3		Y / N	Y / N							
		4		Y / N	Y / N							
		5		Y / N	Y / N							
		1		Y / N	Y / N							
		2		Y / N	Y / N							
		3		Y / N	Y / N							
		4		Y / N	Y / N							
		5		Y / N	Y / N							

Freeze Dryer Log

Batch 1

Batch No.	Date	Tray	Product	Cooked Y/N	Pre-Frozen Y/N	(A) Wet weight	(B) Dry weight	(A - B) Water weight variance	(C) Freeze time	(D) Dry time	(C + D) Total time	Batch notes
		1		Y / N	Y / N							
		2		Y / N	Y / N							
		3		Y / N	Y / N							
		4		Y / N	Y / N							
		5		Y / N	Y / N							

Batch 2

Batch No.	Date	Tray	Product	Cooked Y/N	Pre-Frozen Y/N	(A) Wet weight	(B) Dry weight	(A - B) Water weight variance	(C) Freeze time	(D) Dry time	(C + D) Total time	Batch notes
		1		Y / N	Y / N							
		2		Y / N	Y / N							
		3		Y / N	Y / N							
		4		Y / N	Y / N							
		5		Y / N	Y / N							

Batch 3

Batch No.	Date	Tray	Product	Cooked Y/N	Pre-Frozen Y/N	(A) Wet weight	(B) Dry weight	(A - B) Water weight variance	(C) Freeze time	(D) Dry time	(C + D) Total time	Batch notes
		1		Y / N	Y / N							
		2		Y / N	Y / N							
		3		Y / N	Y / N							
		4		Y / N	Y / N							
		5		Y / N	Y / N							

Freeze Dryer Log

Batch No.	Date	Tray	Product	Cooked Y / N	Pre-Frozen Y / N	(A) Wet weight	(B) Dry weight	(A - B) Water weight variance	(C) Freeze time	(D) Dry time	(C + D) Total time	Batch notes
		1		Y / N	Y / N							
		2		Y / N	Y / N							
		3		Y / N	Y / N							
		4		Y / N	Y / N							
		5		Y / N	Y / N							

Batch No.	Date	Tray	Product	Cooked Y / N	Pre-Frozen Y / N	(A) Wet weight	(B) Dry weight	(A - B) Water weight variance	(C) Freeze time	(D) Dry time	(C + D) Total time	Batch notes
		1		Y / N	Y / N							
		2		Y / N	Y / N							
		3		Y / N	Y / N							
		4		Y / N	Y / N							
		5		Y / N	Y / N							

Batch No.	Date	Tray	Product	Cooked Y / N	Pre-Frozen Y / N	(A) Wet weight	(B) Dry weight	(A - B) Water weight variance	(C) Freeze time	(D) Dry time	(C + D) Total time	Batch notes
		1		Y / N	Y / N							
		2		Y / N	Y / N							
		3		Y / N	Y / N							
		4		Y / N	Y / N							
		5		Y / N	Y / N							

Freeze Dryer Log

Batch No.	Date	Product	Tray	Cooked Y/N	Pre-Frozen Y/N	(A) Wet weight	(B) Dry weight	(A - B) Water weight variance	(C) Freeze time	(D) Dry time	(C + D) Total time	Batch notes
			1	Y/N	Y/N							
			2	Y/N	Y/N							
			3	Y/N	Y/N							
			4	Y/N	Y/N							
			5	Y/N	Y/N							

Batch No.	Date	Product	Tray	Cooked Y/N	Pre-Frozen Y/N	(A) Wet weight	(B) Dry weight	(A - B) Water weight variance	(C) Freeze time	(D) Dry time	(C + D) Total time	Batch notes
			1	Y/N	Y/N							
			2	Y/N	Y/N							
			3	Y/N	Y/N							
			4	Y/N	Y/N							
			5	Y/N	Y/N							

Batch No.	Date	Product	Tray	Cooked Y/N	Pre-Frozen Y/N	(A) Wet weight	(B) Dry weight	(A - B) Water weight variance	(C) Freeze time	(D) Dry time	(C + D) Total time	Batch notes
			1	Y/N	Y/N							
			2	Y/N	Y/N							
			3	Y/N	Y/N							
			4	Y/N	Y/N							
			5	Y/N	Y/N							

Freeze Dryer Log

Batch No. ___ Date ___

Tray	Product	Cooked Y/N	Pre-Frozen Y/N	(A) Wet weight	(B) Dry weight	(A - B) Water weight variance	(C) Freeze time	(D) Dry time	(C + D) Total time	Batch notes
1		Y/N	Y/N							
2		Y/N	Y/N							
3		Y/N	Y/N							
4		Y/N	Y/N							
5		Y/N	Y/N							

Batch No. ___ Date ___

Tray	Product	Cooked Y/N	Pre-Frozen Y/N	(A) Wet weight	(B) Dry weight	(A - B) Water weight variance	(C) Freeze time	(D) Dry time	(C + D) Total time	Batch notes
1		Y/N	Y/N							
2		Y/N	Y/N							
3		Y/N	Y/N							
4		Y/N	Y/N							
5		Y/N	Y/N							

Batch No. ___ Date ___

Tray	Product	Cooked Y/N	Pre-Frozen Y/N	(A) Wet weight	(B) Dry weight	(A - B) Water weight variance	(C) Freeze time	(D) Dry time	(C + D) Total time	Batch notes
1		Y/N	Y/N							
2		Y/N	Y/N							
3		Y/N	Y/N							
4		Y/N	Y/N							
5		Y/N	Y/N							

Freeze Dryer Log

Batch 1

Batch No.	Date	Product	Tray	Cooked Y/N	Pre-Frozen Y/N	(A) Wet weight	(B) Dry weight	(A - B) Water weight variance	(C) Freeze time	(D) Dry time	(C + D) Total time	Batch notes
			1	Y / N	Y / N							
			2	Y / N	Y / N							
			3	Y / N	Y / N							
			4	Y / N	Y / N							
			5	Y / N	Y / N							

Batch 2

Batch No.	Date	Product	Tray	Cooked Y/N	Pre-Frozen Y/N	(A) Wet weight	(B) Dry weight	(A - B) Water weight variance	(C) Freeze time	(D) Dry time	(C + D) Total time	Batch notes
			1	Y / N	Y / N							
			2	Y / N	Y / N							
			3	Y / N	Y / N							
			4	Y / N	Y / N							
			5	Y / N	Y / N							

Batch 3

Batch No.	Date	Product	Tray	Cooked Y/N	Pre-Frozen Y/N	(A) Wet weight	(B) Dry weight	(A - B) Water weight variance	(C) Freeze time	(D) Dry time	(C + D) Total time	Batch notes
			1	Y / N	Y / N							
			2	Y / N	Y / N							
			3	Y / N	Y / N							
			4	Y / N	Y / N							
			5	Y / N	Y / N							

Freeze Dryer Log

Batch No.	Date	Product	Tray	Cooked Y/N	Pre-Frozen Y/N	(A) Wet weight	(B) Dry weight	(A - B) Water weight variance	(C) Freeze time	(D) Dry time	(C + D) Total time	Batch notes
			1	Y / N	Y / N							
			2	Y / N	Y / N							
			3	Y / N	Y / N							
			4	Y / N	Y / N							
			5	Y / N	Y / N							

Batch No.	Date	Product	Tray	Cooked Y/N	Pre-Frozen Y/N	(A) Wet weight	(B) Dry weight	(A - B) Water weight variance	(C) Freeze time	(D) Dry time	(C + D) Total time	Batch notes
			1	Y / N	Y / N							
			2	Y / N	Y / N							
			3	Y / N	Y / N							
			4	Y / N	Y / N							
			5	Y / N	Y / N							

Batch No.	Date	Product	Tray	Cooked Y/N	Pre-Frozen Y/N	(A) Wet weight	(B) Dry weight	(A - B) Water weight variance	(C) Freeze time	(D) Dry time	(C + D) Total time	Batch notes
			1	Y / N	Y / N							
			2	Y / N	Y / N							
			3	Y / N	Y / N							
			4	Y / N	Y / N							
			5	Y / N	Y / N							

Freeze Dryer Log

Batch No. _____ Date _____

Tray	Product	Cooked Y/N	Pre-Frozen Y/N	(A) Wet weight	(B) Dry weight	(A - B) Water weight variance	(C) Freeze time	(D) Dry time	(C + D) Total time	Batch notes
1		Y / N	Y / N							
2		Y / N	Y / N							
3		Y / N	Y / N							
4		Y / N	Y / N							
5		Y / N	Y / N							

Batch No. _____ Date _____

Tray	Product	Cooked Y/N	Pre-Frozen Y/N	(A) Wet weight	(B) Dry weight	(A - B) Water weight variance	(C) Freeze time	(D) Dry time	(C + D) Total time	Batch notes
1		Y / N	Y / N							
2		Y / N	Y / N							
3		Y / N	Y / N							
4		Y / N	Y / N							
5		Y / N	Y / N							

Batch No. _____ Date _____

Tray	Product	Cooked Y/N	Pre-Frozen Y/N	(A) Wet weight	(B) Dry weight	(A - B) Water weight variance	(C) Freeze time	(D) Dry time	(C + D) Total time	Batch notes
1		Y / N	Y / N							
2		Y / N	Y / N							
3		Y / N	Y / N							
4		Y / N	Y / N							
5		Y / N	Y / N							

Freeze Dryer Log

Batch No.	Date	Tray	Product	Cooked Y / N	Pre-Frozen Y / N	(A) Wet weight	(B) Dry weight	(A - B) Water weight variance	(C) Freeze time	(D) Dry time	(C + D) Total time	Batch notes
		1		Y / N	Y / N							
		2		Y / N	Y / N							
		3		Y / N	Y / N							
		4		Y / N	Y / N							
		5		Y / N	Y / N							

Batch No.	Date	Tray	Product	Cooked Y / N	Pre-Frozen Y / N	(A) Wet weight	(B) Dry weight	(A - B) Water weight variance	(C) Freeze time	(D) Dry time	(C + D) Total time	Batch notes
		1		Y / N	Y / N							
		2		Y / N	Y / N							
		3		Y / N	Y / N							
		4		Y / N	Y / N							
		5		Y / N	Y / N							

Batch No.	Date	Tray	Product	Cooked Y / N	Pre-Frozen Y / N	(A) Wet weight	(B) Dry weight	(A - B) Water weight variance	(C) Freeze time	(D) Dry time	(C + D) Total time	Batch notes
		1		Y / N	Y / N							
		2		Y / N	Y / N							
		3		Y / N	Y / N							
		4		Y / N	Y / N							
		5		Y / N	Y / N							

Freeze Dryer Log

Batch No.	Date	Tray	Product	Cooked Y/N	Pre-Frozen Y/N	(A) Wet weight	(B) Dry weight	(A - B) Water weight variance	(C) Freeze time	(D) Dry time	(C + D) Total time	Batch notes
		1		Y/N	Y/N							
		2		Y/N	Y/N							
		3		Y/N	Y/N							
		4		Y/N	Y/N							
		5		Y/N	Y/N							

Batch No.	Date	Tray	Product	Cooked Y/N	Pre-Frozen Y/N	(A) Wet weight	(B) Dry weight	(A - B) Water weight variance	(C) Freeze time	(D) Dry time	(C + D) Total time	Batch notes
		1		Y/N	Y/N							
		2		Y/N	Y/N							
		3		Y/N	Y/N							
		4		Y/N	Y/N							
		5		Y/N	Y/N							

Batch No.	Date	Tray	Product	Cooked Y/N	Pre-Frozen Y/N	(A) Wet weight	(B) Dry weight	(A - B) Water weight variance	(C) Freeze time	(D) Dry time	(C + D) Total time	Batch notes
		1		Y/N	Y/N							
		2		Y/N	Y/N							
		3		Y/N	Y/N							
		4		Y/N	Y/N							
		5		Y/N	Y/N							

Freeze Dryer Log

Batch No.	Date	Tray	Product	Cooked Y / N	Pre-Frozen Y / N	(A) Wet weight	(B) Dry weight	(A - B) Water weight variance	(C) Freeze time	(D) Dry time	(C + D) Total time	Batch notes
		1		Y / N	Y / N							
		2		Y / N	Y / N							
		3		Y / N	Y / N							
		4		Y / N	Y / N							
		5		Y / N	Y / N							

Batch No.	Date	Tray	Product	Cooked Y / N	Pre-Frozen Y / N	(A) Wet weight	(B) Dry weight	(A - B) Water weight variance	(C) Freeze time	(D) Dry time	(C + D) Total time	Batch notes
		1		Y / N	Y / N							
		2		Y / N	Y / N							
		3		Y / N	Y / N							
		4		Y / N	Y / N							
		5		Y / N	Y / N							

Batch No.	Date	Tray	Product	Cooked Y / N	Pre-Frozen Y / N	(A) Wet weight	(B) Dry weight	(A - B) Water weight variance	(C) Freeze time	(D) Dry time	(C + D) Total time	Batch notes
		1		Y / N	Y / N							
		2		Y / N	Y / N							
		3		Y / N	Y / N							
		4		Y / N	Y / N							
		5		Y / N	Y / N							

Freeze Dryer Log

Batch No.	Date	Product	Tray	Cooked Y / N	Pre-Frozen Y / N	(A) Wet weight	(B) Dry weight	(A - B) Water weight variance	(C) Freeze time	(D) Dry time	(C + D) Total time	Batch notes
			1	Y / N	Y / N							
			2	Y / N	Y / N							
			3	Y / N	Y / N							
			4	Y / N	Y / N							
			5	Y / N	Y / N							

Batch No.	Date	Product	Tray	Cooked Y / N	Pre-Frozen Y / N	(A) Wet weight	(B) Dry weight	(A - B) Water weight variance	(C) Freeze time	(D) Dry time	(C + D) Total time	Batch notes
			1	Y / N	Y / N							
			2	Y / N	Y / N							
			3	Y / N	Y / N							
			4	Y / N	Y / N							
			5	Y / N	Y / N							

Batch No.	Date	Product	Tray	Cooked Y / N	Pre-Frozen Y / N	(A) Wet weight	(B) Dry weight	(A - B) Water weight variance	(C) Freeze time	(D) Dry time	(C + D) Total time	Batch notes
			1	Y / N	Y / N							
			2	Y / N	Y / N							
			3	Y / N	Y / N							
			4	Y / N	Y / N							
			5	Y / N	Y / N							

Freeze Dryer Log

Batch No.	Date	Tray	Product	Cooked Y/N	Pre-Frozen Y/N	(A) Wet weight	(B) Dry weight	(A - B) Water weight variance	(C) Freeze time	(D) Dry time	(C + D) Total time	Batch notes
		1		Y/N	Y/N							
		2		Y/N	Y/N							
		3		Y/N	Y/N							
		4		Y/N	Y/N							
		5		Y/N	Y/N							

Batch No.	Date	Tray	Product	Cooked Y/N	Pre-Frozen Y/N	(A) Wet weight	(B) Dry weight	(A - B) Water weight variance	(C) Freeze time	(D) Dry time	(C + D) Total time	Batch notes
		1		Y/N	Y/N							
		2		Y/N	Y/N							
		3		Y/N	Y/N							
		4		Y/N	Y/N							
		5		Y/N	Y/N							

Batch No.	Date	Tray	Product	Cooked Y/N	Pre-Frozen Y/N	(A) Wet weight	(B) Dry weight	(A - B) Water weight variance	(C) Freeze time	(D) Dry time	(C + D) Total time	Batch notes
		1		Y/N	Y/N							
		2		Y/N	Y/N							
		3		Y/N	Y/N							
		4		Y/N	Y/N							
		5		Y/N	Y/N							

Freeze Dryer Log

Batch No.	Date	Tray	Product	Cooked Y/N	Pre-Frozen Y/N	(A) Wet weight	(B) Dry weight	(A - B) Water weight variance	(C) Freeze time	(D) Dry time	(C + D) Total time	Batch notes
		1		Y / N	Y / N							
		2		Y / N	Y / N							
		3		Y / N	Y / N							
		4		Y / N	Y / N							
		5		Y / N	Y / N							

Batch No.	Date	Tray	Product	Cooked Y/N	Pre-Frozen Y/N	(A) Wet weight	(B) Dry weight	(A - B) Water weight variance	(C) Freeze time	(D) Dry time	(C + D) Total time	Batch notes
		1		Y / N	Y / N							
		2		Y / N	Y / N							
		3		Y / N	Y / N							
		4		Y / N	Y / N							
		5		Y / N	Y / N							

Batch No.	Date	Tray	Product	Cooked Y/N	Pre-Frozen Y/N	(A) Wet weight	(B) Dry weight	(A - B) Water weight variance	(C) Freeze time	(D) Dry time	(C + D) Total time	Batch notes
		1		Y / N	Y / N							
		2		Y / N	Y / N							
		3		Y / N	Y / N							
		4		Y / N	Y / N							
		5		Y / N	Y / N							

Freeze Dryer Log

Batch No.	Date	Tray	Product	Cooked Y/N	Pre-Frozen Y/N	(A) Wet weight	(B) Dry weight	(A - B) Water weight variance	(C) Freeze time	(D) Dry time	(C + D) Total time	Batch notes
		1		Y / N	Y / N							
		2		Y / N	Y / N							
		3		Y / N	Y / N							
		4		Y / N	Y / N							
		5		Y / N	Y / N							

Batch No.	Date	Tray	Product	Cooked Y/N	Pre-Frozen Y/N	(A) Wet weight	(B) Dry weight	(A - B) Water weight variance	(C) Freeze time	(D) Dry time	(C + D) Total time	Batch notes
		1		Y / N	Y / N							
		2		Y / N	Y / N							
		3		Y / N	Y / N							
		4		Y / N	Y / N							
		5		Y / N	Y / N							

Batch No.	Date	Tray	Product	Cooked Y/N	Pre-Frozen Y/N	(A) Wet weight	(B) Dry weight	(A - B) Water weight variance	(C) Freeze time	(D) Dry time	(C + D) Total time	Batch notes
		1		Y / N	Y / N							
		2		Y / N	Y / N							
		3		Y / N	Y / N							
		4		Y / N	Y / N							
		5		Y / N	Y / N							

©2022 Jessica Callaway Publishing

Freeze Dryer Log

Batch No.	Date	Tray	Product	Cooked Y/N	Pre-Frozen Y/N	(A) Wet weight	(B) Dry weight	(A - B) Water weight variance	(C) Freeze time	(D) Dry time	(C + D) Total time	Batch notes
		1		Y/N	Y/N							
		2		Y/N	Y/N							
		3		Y/N	Y/N							
		4		Y/N	Y/N							
		5		Y/N	Y/N							

Batch No.	Date	Tray	Product	Cooked Y/N	Pre-Frozen Y/N	(A) Wet weight	(B) Dry weight	(A - B) Water weight variance	(C) Freeze time	(D) Dry time	(C + D) Total time	Batch notes
		1		Y/N	Y/N							
		2		Y/N	Y/N							
		3		Y/N	Y/N							
		4		Y/N	Y/N							
		5		Y/N	Y/N							

Batch No.	Date	Tray	Product	Cooked Y/N	Pre-Frozen Y/N	(A) Wet weight	(B) Dry weight	(A - B) Water weight variance	(C) Freeze time	(D) Dry time	(C + D) Total time	Batch notes
		1		Y/N	Y/N							
		2		Y/N	Y/N							
		3		Y/N	Y/N							
		4		Y/N	Y/N							
		5		Y/N	Y/N							

Freeze Dryer Log

Batch No.	Date	Tray	Product	Cooked Y / N	Pre-Frozen Y / N	(A) Wet weight	(B) Dry weight	(A - B) Water weight variance	(C) Freeze time	(D) Dry time	(C + D) Total time	Batch notes
		1		Y / N	Y / N							
		2		Y / N	Y / N							
		3		Y / N	Y / N							
		4		Y / N	Y / N							
		5		Y / N	Y / N							

Batch No.	Date	Tray	Product	Cooked Y / N	Pre-Frozen Y / N	(A) Wet weight	(B) Dry weight	(A - B) Water weight variance	(C) Freeze time	(D) Dry time	(C + D) Total time	Batch notes
		1		Y / N	Y / N							
		2		Y / N	Y / N							
		3		Y / N	Y / N							
		4		Y / N	Y / N							
		5		Y / N	Y / N							

Batch No.	Date	Tray	Product	Cooked Y / N	Pre-Frozen Y / N	(A) Wet weight	(B) Dry weight	(A - B) Water weight variance	(C) Freeze time	(D) Dry time	(C + D) Total time	Batch notes
		1		Y / N	Y / N							
		2		Y / N	Y / N							
		3		Y / N	Y / N							
		4		Y / N	Y / N							
		5		Y / N	Y / N							

Freeze Dryer Log

Batch No. ___ Date ___

Tray	Product	Cooked Y/N	Pre-Frozen Y/N	(A) Wet weight	(B) Dry weight	(A - B) Water weight variance	(C) Freeze time	(D) Dry time	(C + D) Total time	Batch notes
1		Y/N	Y/N							
2		Y/N	Y/N							
3		Y/N	Y/N							
4		Y/N	Y/N							
5		Y/N	Y/N							

Batch No. ___ Date ___

Tray	Product	Cooked Y/N	Pre-Frozen Y/N	(A) Wet weight	(B) Dry weight	(A - B) Water weight variance	(C) Freeze time	(D) Dry time	(C + D) Total time	Batch notes
1		Y/N	Y/N							
2		Y/N	Y/N							
3		Y/N	Y/N							
4		Y/N	Y/N							
5		Y/N	Y/N							

Batch No. ___ Date ___

Tray	Product	Cooked Y/N	Pre-Frozen Y/N	(A) Wet weight	(B) Dry weight	(A - B) Water weight variance	(C) Freeze time	(D) Dry time	(C + D) Total time	Batch notes
1		Y/N	Y/N							
2		Y/N	Y/N							
3		Y/N	Y/N							
4		Y/N	Y/N							
5		Y/N	Y/N							

Freeze Dryer Log

Batch No.	Date	Tray	Product	Cooked Y/N	Pre-Frozen Y/N	(A) Wet weight	(B) Dry weight	(A - B) Water weight variance	(C) Freeze time	(D) Dry time	(C + D) Total time	Batch notes
		1		Y/N	Y/N							
		2		Y/N	Y/N							
		3		Y/N	Y/N							
		4		Y/N	Y/N							
		5		Y/N	Y/N							

Batch No.	Date	Tray	Product	Cooked Y/N	Pre-Frozen Y/N	(A) Wet weight	(B) Dry weight	(A - B) Water weight variance	(C) Freeze time	(D) Dry time	(C + D) Total time	Batch notes
		1		Y/N	Y/N							
		2		Y/N	Y/N							
		3		Y/N	Y/N							
		4		Y/N	Y/N							
		5		Y/N	Y/N							

Batch No.	Date	Tray	Product	Cooked Y/N	Pre-Frozen Y/N	(A) Wet weight	(B) Dry weight	(A - B) Water weight variance	(C) Freeze time	(D) Dry time	(C + D) Total time	Batch notes
		1		Y/N	Y/N							
		2		Y/N	Y/N							
		3		Y/N	Y/N							
		4		Y/N	Y/N							
		5		Y/N	Y/N							

Freeze Dryer Log

Batch No. ___ Date ___

Tray	Product	Cooked Y/N	Pre-Frozen Y/N	(A) Wet weight	(B) Dry weight	(A - B) Water weight variance	(C) Freeze time	(D) Dry time	(C + D) Total time	Batch notes
1		Y/N	Y/N							
2		Y/N	Y/N							
3		Y/N	Y/N							
4		Y/N	Y/N							
5		Y/N	Y/N							

Batch No. ___ Date ___

Tray	Product	Cooked Y/N	Pre-Frozen Y/N	(A) Wet weight	(B) Dry weight	(A - B) Water weight variance	(C) Freeze time	(D) Dry time	(C + D) Total time	Batch notes
1		Y/N	Y/N							
2		Y/N	Y/N							
3		Y/N	Y/N							
4		Y/N	Y/N							
5		Y/N	Y/N							

Batch No. ___ Date ___

Tray	Product	Cooked Y/N	Pre-Frozen Y/N	(A) Wet weight	(B) Dry weight	(A - B) Water weight variance	(C) Freeze time	(D) Dry time	(C + D) Total time	Batch notes
1		Y/N	Y/N							
2		Y/N	Y/N							
3		Y/N	Y/N							
4		Y/N	Y/N							
5		Y/N	Y/N							

Freeze Dryer Log

Batch No. 1

Date	Tray	Product	Cooked Y/N	Pre-Frozen Y/N	(A) Wet weight	(B) Dry weight	(A - B) Water weight variance	(C) Freeze time	(D) Dry time	(C + D) Total time	Batch notes
	1		Y/N	Y/N							
	2		Y/N	Y/N							
	3		Y/N	Y/N							
	4		Y/N	Y/N							
	5		Y/N	Y/N							

Batch No. 2

Date	Tray	Product	Cooked Y/N	Pre-Frozen Y/N	(A) Wet weight	(B) Dry weight	(A - B) Water weight variance	(C) Freeze time	(D) Dry time	(C + D) Total time	Batch notes
	1		Y/N	Y/N							
	2		Y/N	Y/N							
	3		Y/N	Y/N							
	4		Y/N	Y/N							
	5		Y/N	Y/N							

Batch No. 3

Date	Tray	Product	Cooked Y/N	Pre-Frozen Y/N	(A) Wet weight	(B) Dry weight	(A - B) Water weight variance	(C) Freeze time	(D) Dry time	(C + D) Total time	Batch notes
	1		Y/N	Y/N							
	2		Y/N	Y/N							
	3		Y/N	Y/N							
	4		Y/N	Y/N							
	5		Y/N	Y/N							

Freeze Dryer Log

Batch No.	Date	Tray	Product	Cooked Y/N	Pre-Frozen Y/N	(A) Wet weight	(B) Dry weight	(A - B) Water weight variance	(C) Freeze time	(D) Dry time	(C + D) Total time	Batch notes
		1		Y / N	Y / N							
		2		Y / N	Y / N							
		3		Y / N	Y / N							
		4		Y / N	Y / N							
		5		Y / N	Y / N							

Batch No.	Date	Tray	Product	Cooked Y/N	Pre-Frozen Y/N	(A) Wet weight	(B) Dry weight	(A - B) Water weight variance	(C) Freeze time	(D) Dry time	(C + D) Total time	Batch notes
		1		Y / N	Y / N							
		2		Y / N	Y / N							
		3		Y / N	Y / N							
		4		Y / N	Y / N							
		5		Y / N	Y / N							

Batch No.	Date	Tray	Product	Cooked Y/N	Pre-Frozen Y/N	(A) Wet weight	(B) Dry weight	(A - B) Water weight variance	(C) Freeze time	(D) Dry time	(C + D) Total time	Batch notes
		1		Y / N	Y / N							
		2		Y / N	Y / N							
		3		Y / N	Y / N							
		4		Y / N	Y / N							
		5		Y / N	Y / N							

Freeze Dryer Log

Batch No.	Date	Tray	Product	Cooked Y/N	Pre-Frozen Y/N	(A) Wet weight	(B) Dry weight	(A - B) Water weight variance	(C) Freeze time	(D) Dry time	(C + D) Total time	Batch notes
		1		Y/N	Y/N							
		2		Y/N	Y/N							
		3		Y/N	Y/N							
		4		Y/N	Y/N							
		5		Y/N	Y/N							

Batch No.	Date	Tray	Product	Cooked Y/N	Pre-Frozen Y/N	(A) Wet weight	(B) Dry weight	(A - B) Water weight variance	(C) Freeze time	(D) Dry time	(C + D) Total time	Batch notes
		1		Y/N	Y/N							
		2		Y/N	Y/N							
		3		Y/N	Y/N							
		4		Y/N	Y/N							
		5		Y/N	Y/N							

Batch No.	Date	Tray	Product	Cooked Y/N	Pre-Frozen Y/N	(A) Wet weight	(B) Dry weight	(A - B) Water weight variance	(C) Freeze time	(D) Dry time	(C + D) Total time	Batch notes
		1		Y/N	Y/N							
		2		Y/N	Y/N							
		3		Y/N	Y/N							
		4		Y/N	Y/N							
		5		Y/N	Y/N							

Freeze Dryer Log

Batch No.	Date	Tray	Product	Cooked Y/N	Pre-Frozen Y/N	(A) Wet weight	(B) Dry weight	(A - B) Water weight variance	(C) Freeze time	(D) Dry time	(C + D) Total time	Batch notes
		1		Y/N	Y/N							
		2		Y/N	Y/N							
		3		Y/N	Y/N							
		4		Y/N	Y/N							
		5		Y/N	Y/N							

Batch No.	Date	Tray	Product	Cooked Y/N	Pre-Frozen Y/N	(A) Wet weight	(B) Dry weight	(A - B) Water weight variance	(C) Freeze time	(D) Dry time	(C + D) Total time	Batch notes
		1		Y/N	Y/N							
		2		Y/N	Y/N							
		3		Y/N	Y/N							
		4		Y/N	Y/N							
		5		Y/N	Y/N							

Batch No.	Date	Tray	Product	Cooked Y/N	Pre-Frozen Y/N	(A) Wet weight	(B) Dry weight	(A - B) Water weight variance	(C) Freeze time	(D) Dry time	(C + D) Total time	Batch notes
		1		Y/N	Y/N							
		2		Y/N	Y/N							
		3		Y/N	Y/N							
		4		Y/N	Y/N							
		5		Y/N	Y/N							

Freeze Dryer Log

Batch No. ___ **Date** ___

Tray	Product	Cooked Y/N	Pre-Frozen Y/N	(A) Wet weight	(B) Dry weight	(A - B) Water weight variance	(C) Freeze time	(D) Dry time	(C + D) Total time	Batch notes
1		Y/N	Y/N							
2		Y/N	Y/N							
3		Y/N	Y/N							
4		Y/N	Y/N							
5		Y/N	Y/N							

Batch No. ___ **Date** ___

Tray	Product	Cooked Y/N	Pre-Frozen Y/N	(A) Wet weight	(B) Dry weight	(A - B) Water weight variance	(C) Freeze time	(D) Dry time	(C + D) Total time	Batch notes
1		Y/N	Y/N							
2		Y/N	Y/N							
3		Y/N	Y/N							
4		Y/N	Y/N							
5		Y/N	Y/N							

Batch No. ___ **Date** ___

Tray	Product	Cooked Y/N	Pre-Frozen Y/N	(A) Wet weight	(B) Dry weight	(A - B) Water weight variance	(C) Freeze time	(D) Dry time	(C + D) Total time	Batch notes
1		Y/N	Y/N							
2		Y/N	Y/N							
3		Y/N	Y/N							
4		Y/N	Y/N							
5		Y/N	Y/N							

Freeze Dryer Log

Batch No.	Date	Tray	Product	Cooked Y/N	Pre-Frozen Y/N	(A) Wet weight	(B) Dry weight	(A - B) Water weight variance	(C) Freeze time	(D) Dry time	(C + D) Total time	Batch notes
		1		Y/N	Y/N							
		2		Y/N	Y/N							
		3		Y/N	Y/N							
		4		Y/N	Y/N							
		5		Y/N	Y/N							

Batch No.	Date	Tray	Product	Cooked Y/N	Pre-Frozen Y/N	(A) Wet weight	(B) Dry weight	(A - B) Water weight variance	(C) Freeze time	(D) Dry time	(C + D) Total time	Batch notes
		1		Y/N	Y/N							
		2		Y/N	Y/N							
		3		Y/N	Y/N							
		4		Y/N	Y/N							
		5		Y/N	Y/N							

Batch No.	Date	Tray	Product	Cooked Y/N	Pre-Frozen Y/N	(A) Wet weight	(B) Dry weight	(A - B) Water weight variance	(C) Freeze time	(D) Dry time	(C + D) Total time	Batch notes
		1		Y/N	Y/N							
		2		Y/N	Y/N							
		3		Y/N	Y/N							
		4		Y/N	Y/N							
		5		Y/N	Y/N							

Freeze Dryer Log

Batch No. ___ Date ___

Tray	Product	Cooked Y/N	Pre-Frozen Y/N	(A) Wet weight	(B) Dry weight	(A - B) Water weight variance	(C) Freeze time	(D) Dry time	(C + D) Total time	Batch notes
1		Y/N	Y/N							
2		Y/N	Y/N							
3		Y/N	Y/N							
4		Y/N	Y/N							
5		Y/N	Y/N							

Batch No. ___ Date ___

Tray	Product	Cooked Y/N	Pre-Frozen Y/N	(A) Wet weight	(B) Dry weight	(A - B) Water weight variance	(C) Freeze time	(D) Dry time	(C + D) Total time	Batch notes
1		Y/N	Y/N							
2		Y/N	Y/N							
3		Y/N	Y/N							
4		Y/N	Y/N							
5		Y/N	Y/N							

Batch No. ___ Date ___

Tray	Product	Cooked Y/N	Pre-Frozen Y/N	(A) Wet weight	(B) Dry weight	(A - B) Water weight variance	(C) Freeze time	(D) Dry time	(C + D) Total time	Batch notes
1		Y/N	Y/N							
2		Y/N	Y/N							
3		Y/N	Y/N							
4		Y/N	Y/N							
5		Y/N	Y/N							

Freeze Dryer Log

Batch No. ___ Date ___

Tray	Product	Cooked Y/N	Pre-Frozen Y/N	(A) Wet weight	(B) Dry weight	(A - B) Water weight variance	(C) Freeze time	(D) Dry time	(C + D) Total time	Batch notes
1		Y/N	Y/N							
2		Y/N	Y/N							
3		Y/N	Y/N							
4		Y/N	Y/N							
5		Y/N	Y/N							

Batch No. ___ Date ___

Tray	Product	Cooked Y/N	Pre-Frozen Y/N	(A) Wet weight	(B) Dry weight	(A - B) Water weight variance	(C) Freeze time	(D) Dry time	(C + D) Total time	Batch notes
1		Y/N	Y/N							
2		Y/N	Y/N							
3		Y/N	Y/N							
4		Y/N	Y/N							
5		Y/N	Y/N							

Batch No. ___ Date ___

Tray	Product	Cooked Y/N	Pre-Frozen Y/N	(A) Wet weight	(B) Dry weight	(A - B) Water weight variance	(C) Freeze time	(D) Dry time	(C + D) Total time	Batch notes
1		Y/N	Y/N							
2		Y/N	Y/N							
3		Y/N	Y/N							
4		Y/N	Y/N							
5		Y/N	Y/N							

Freeze Dryer Log

Batch No.	Date	Tray	Product	Cooked Y/N	Pre-Frozen Y/N	(A) Wet weight	(B) Dry weight	(A - B) Water weight variance	(C) Freeze time	(D) Dry time	(C + D) Total time	Batch notes
		1		Y/N	Y/N							
		2		Y/N	Y/N							
		3		Y/N	Y/N							
		4		Y/N	Y/N							
		5		Y/N	Y/N							

Batch No.	Date	Tray	Product	Cooked Y/N	Pre-Frozen Y/N	(A) Wet weight	(B) Dry weight	(A - B) Water weight variance	(C) Freeze time	(D) Dry time	(C + D) Total time	Batch notes
		1		Y/N	Y/N							
		2		Y/N	Y/N							
		3		Y/N	Y/N							
		4		Y/N	Y/N							
		5		Y/N	Y/N							

Batch No.	Date	Tray	Product	Cooked Y/N	Pre-Frozen Y/N	(A) Wet weight	(B) Dry weight	(A - B) Water weight variance	(C) Freeze time	(D) Dry time	(C + D) Total time	Batch notes
		1		Y/N	Y/N							
		2		Y/N	Y/N							
		3		Y/N	Y/N							
		4		Y/N	Y/N							
		5		Y/N	Y/N							

Freeze Dryer Log

Batch No.	Date	Product	Tray	Cooked Y/N	Pre-Frozen Y/N	(A) Wet weight	(B) Dry weight	(A - B) Water weight variance	(C) Freeze time	(D) Dry time	(C + D) Total time	Batch notes
			1	Y / N	Y / N							
			2	Y / N	Y / N							
			3	Y / N	Y / N							
			4	Y / N	Y / N							
			5	Y / N	Y / N							
			1	Y / N	Y / N							
			2	Y / N	Y / N							
			3	Y / N	Y / N							
			4	Y / N	Y / N							
			5	Y / N	Y / N							
			1	Y / N	Y / N							
			2	Y / N	Y / N							
			3	Y / N	Y / N							
			4	Y / N	Y / N							
			5	Y / N	Y / N							

Freeze Dryer Log

Batch No.	Date	Tray	Product	Cooked Y/N	Pre-Frozen Y/N	(A) Wet weight	(B) Dry weight	(A - B) Water weight variance	(C) Freeze time	(D) Dry time	(C + D) Total time	Batch notes
		1		Y / N	Y / N							
		2		Y / N	Y / N							
		3		Y / N	Y / N							
		4		Y / N	Y / N							
		5		Y / N	Y / N							
		1		Y / N	Y / N							
		2		Y / N	Y / N							
		3		Y / N	Y / N							
		4		Y / N	Y / N							
		5		Y / N	Y / N							
		1		Y / N	Y / N							
		2		Y / N	Y / N							
		3		Y / N	Y / N							
		4		Y / N	Y / N							
		5		Y / N	Y / N							

Freeze Dryer Log

Batch No.	Date	Tray	Product	Cooked Y/N	Pre-Frozen Y/N	(A) Wet weight	(B) Dry weight	(A - B) Water weight variance	(C) Freeze time	(D) Dry time	(C + D) Total time	Batch notes
		1		Y/N	Y/N							
		2		Y/N	Y/N							
		3		Y/N	Y/N							
		4		Y/N	Y/N							
		5		Y/N	Y/N							

Batch No.	Date	Tray	Product	Cooked Y/N	Pre-Frozen Y/N	(A) Wet weight	(B) Dry weight	(A - B) Water weight variance	(C) Freeze time	(D) Dry time	(C + D) Total time	Batch notes
		1		Y/N	Y/N							
		2		Y/N	Y/N							
		3		Y/N	Y/N							
		4		Y/N	Y/N							
		5		Y/N	Y/N							

Batch No.	Date	Tray	Product	Cooked Y/N	Pre-Frozen Y/N	(A) Wet weight	(B) Dry weight	(A - B) Water weight variance	(C) Freeze time	(D) Dry time	(C + D) Total time	Batch notes
		1		Y/N	Y/N							
		2		Y/N	Y/N							
		3		Y/N	Y/N							
		4		Y/N	Y/N							
		5		Y/N	Y/N							

Freeze Dryer Log

Batch 1

Batch No.	Date	Tray	Product	Cooked Y/N	Pre-Frozen Y/N	(A) Wet weight	(B) Dry weight	(A - B) Water weight variance	(C) Freeze time	(D) Dry time	(C + D) Total time	Batch notes
		1		Y/N	Y/N							
		2		Y/N	Y/N							
		3		Y/N	Y/N							
		4		Y/N	Y/N							
		5		Y/N	Y/N							

Batch 2

Batch No.	Date	Tray	Product	Cooked Y/N	Pre-Frozen Y/N	(A) Wet weight	(B) Dry weight	(A - B) Water weight variance	(C) Freeze time	(D) Dry time	(C + D) Total time	Batch notes
		1		Y/N	Y/N							
		2		Y/N	Y/N							
		3		Y/N	Y/N							
		4		Y/N	Y/N							
		5		Y/N	Y/N							

Batch 3

Batch No.	Date	Tray	Product	Cooked Y/N	Pre-Frozen Y/N	(A) Wet weight	(B) Dry weight	(A - B) Water weight variance	(C) Freeze time	(D) Dry time	(C + D) Total time	Batch notes
		1		Y/N	Y/N							
		2		Y/N	Y/N							
		3		Y/N	Y/N							
		4		Y/N	Y/N							
		5		Y/N	Y/N							

Freeze Dryer Log

Batch No.	Date	Tray	Product	Cooked Y / N	Pre-Frozen Y / N	(A) Wet weight	(B) Dry weight	(A - B) Water weight variance	(C) Freeze time	(D) Dry time	(C + D) Total time	Batch notes
		1		Y / N	Y / N							
		2		Y / N	Y / N							
		3		Y / N	Y / N							
		4		Y / N	Y / N							
		5		Y / N	Y / N							

Batch No.	Date	Tray	Product	Cooked Y / N	Pre-Frozen Y / N	(A) Wet weight	(B) Dry weight	(A - B) Water weight variance	(C) Freeze time	(D) Dry time	(C + D) Total time	Batch notes
		1		Y / N	Y / N							
		2		Y / N	Y / N							
		3		Y / N	Y / N							
		4		Y / N	Y / N							
		5		Y / N	Y / N							

Batch No.	Date	Tray	Product	Cooked Y / N	Pre-Frozen Y / N	(A) Wet weight	(B) Dry weight	(A - B) Water weight variance	(C) Freeze time	(D) Dry time	(C + D) Total time	Batch notes
		1		Y / N	Y / N							
		2		Y / N	Y / N							
		3		Y / N	Y / N							
		4		Y / N	Y / N							
		5		Y / N	Y / N							

Freeze Dryer Log

Batch No.	Date	Tray	Product	Cooked Y/N	Pre-Frozen Y/N	(A) Wet weight	(B) Dry weight	(A - B) Water weight variance	(C) Freeze time	(D) Dry time	(C + D) Total time	Batch notes
		1		Y/N	Y/N							
		2		Y/N	Y/N							
		3		Y/N	Y/N							
		4		Y/N	Y/N							
		5		Y/N	Y/N							

Batch No.	Date	Tray	Product	Cooked Y/N	Pre-Frozen Y/N	(A) Wet weight	(B) Dry weight	(A - B) Water weight variance	(C) Freeze time	(D) Dry time	(C + D) Total time	Batch notes
		1		Y/N	Y/N							
		2		Y/N	Y/N							
		3		Y/N	Y/N							
		4		Y/N	Y/N							
		5		Y/N	Y/N							

Batch No.	Date	Tray	Product	Cooked Y/N	Pre-Frozen Y/N	(A) Wet weight	(B) Dry weight	(A - B) Water weight variance	(C) Freeze time	(D) Dry time	(C + D) Total time	Batch notes
		1		Y/N	Y/N							
		2		Y/N	Y/N							
		3		Y/N	Y/N							
		4		Y/N	Y/N							
		5		Y/N	Y/N							

Freeze Dryer Log

Batch No.	Date	Tray	Product	Cooked Y/N	Pre-Frozen Y/N	(A) Wet weight	(B) Dry weight	(A - B) Water weight variance	(C) Freeze time	(D) Dry time	(C + D) Total time	Batch notes
		1		Y/N	Y/N							
		2		Y/N	Y/N							
		3		Y/N	Y/N							
		4		Y/N	Y/N							
		5		Y/N	Y/N							

Batch No.	Date	Tray	Product	Cooked Y/N	Pre-Frozen Y/N	(A) Wet weight	(B) Dry weight	(A - B) Water weight variance	(C) Freeze time	(D) Dry time	(C + D) Total time	Batch notes
		1		Y/N	Y/N							
		2		Y/N	Y/N							
		3		Y/N	Y/N							
		4		Y/N	Y/N							
		5		Y/N	Y/N							

Batch No.	Date	Tray	Product	Cooked Y/N	Pre-Frozen Y/N	(A) Wet weight	(B) Dry weight	(A - B) Water weight variance	(C) Freeze time	(D) Dry time	(C + D) Total time	Batch notes
		1		Y/N	Y/N							
		2		Y/N	Y/N							
		3		Y/N	Y/N							
		4		Y/N	Y/N							
		5		Y/N	Y/N							

Freeze Dryer Log

Batch No.	Date	Tray	Product	Cooked Y/N	Pre-Frozen Y/N	(A) Wet weight	(B) Dry weight	(A - B) Water weight variance	(C) Freeze time	(D) Dry time	(C + D) Total time	Batch notes
		1		Y/N	Y/N							
		2		Y/N	Y/N							
		3		Y/N	Y/N							
		4		Y/N	Y/N							
		5		Y/N	Y/N							

Batch No.	Date	Tray	Product	Cooked Y/N	Pre-Frozen Y/N	(A) Wet weight	(B) Dry weight	(A - B) Water weight variance	(C) Freeze time	(D) Dry time	(C + D) Total time	Batch notes
		1		Y/N	Y/N							
		2		Y/N	Y/N							
		3		Y/N	Y/N							
		4		Y/N	Y/N							
		5		Y/N	Y/N							

Batch No.	Date	Tray	Product	Cooked Y/N	Pre-Frozen Y/N	(A) Wet weight	(B) Dry weight	(A - B) Water weight variance	(C) Freeze time	(D) Dry time	(C + D) Total time	Batch notes
		1		Y/N	Y/N							
		2		Y/N	Y/N							
		3		Y/N	Y/N							
		4		Y/N	Y/N							
		5		Y/N	Y/N							

Freeze Dryer Log

Batch No.	Date	Tray	Product	Cooked Y/N	Pre-Frozen Y/N	(A) Wet weight	(B) Dry weight	(A - B) Water weight variance	(C) Freeze time	(D) Dry time	(C + D) Total time	Batch notes
		1		Y/N	Y/N							
		2		Y/N	Y/N							
		3		Y/N	Y/N							
		4		Y/N	Y/N							
		5		Y/N	Y/N							

Batch No.	Date	Tray	Product	Cooked Y/N	Pre-Frozen Y/N	(A) Wet weight	(B) Dry weight	(A - B) Water weight variance	(C) Freeze time	(D) Dry time	(C + D) Total time	Batch notes
		1		Y/N	Y/N							
		2		Y/N	Y/N							
		3		Y/N	Y/N							
		4		Y/N	Y/N							
		5		Y/N	Y/N							

Batch No.	Date	Tray	Product	Cooked Y/N	Pre-Frozen Y/N	(A) Wet weight	(B) Dry weight	(A - B) Water weight variance	(C) Freeze time	(D) Dry time	(C + D) Total time	Batch notes
		1		Y/N	Y/N							
		2		Y/N	Y/N							
		3		Y/N	Y/N							
		4		Y/N	Y/N							
		5		Y/N	Y/N							

Freeze Dryer Log

Batch No.	Date	Tray	Product	Cooked Y/N	Pre-Frozen Y/N	(A) Wet weight	(B) Dry weight	(A - B) Water weight variance	(C) Freeze time	(D) Dry time	(C + D) Total time	Batch notes
		1		Y/N	Y/N							
		2		Y/N	Y/N							
		3		Y/N	Y/N							
		4		Y/N	Y/N							
		5		Y/N	Y/N							

Batch No.	Date	Tray	Product	Cooked Y/N	Pre-Frozen Y/N	(A) Wet weight	(B) Dry weight	(A - B) Water weight variance	(C) Freeze time	(D) Dry time	(C + D) Total time	Batch notes
		1		Y/N	Y/N							
		2		Y/N	Y/N							
		3		Y/N	Y/N							
		4		Y/N	Y/N							
		5		Y/N	Y/N							

Batch No.	Date	Tray	Product	Cooked Y/N	Pre-Frozen Y/N	(A) Wet weight	(B) Dry weight	(A - B) Water weight variance	(C) Freeze time	(D) Dry time	(C + D) Total time	Batch notes
		1		Y/N	Y/N							
		2		Y/N	Y/N							
		3		Y/N	Y/N							
		4		Y/N	Y/N							
		5		Y/N	Y/N							

Freeze Dryer Log

Batch No.	Date	Tray	Product	Cooked Y/N	Pre-Frozen Y/N	(A) Wet weight	(B) Dry weight	(A - B) Water weight variance	(C) Freeze time	(D) Dry time	(C + D) Total time	Batch notes
		1		Y/N	Y/N							
		2		Y/N	Y/N							
		3		Y/N	Y/N							
		4		Y/N	Y/N							
		5		Y/N	Y/N							

Batch No.	Date	Tray	Product	Cooked Y/N	Pre-Frozen Y/N	(A) Wet weight	(B) Dry weight	(A - B) Water weight variance	(C) Freeze time	(D) Dry time	(C + D) Total time	Batch notes
		1		Y/N	Y/N							
		2		Y/N	Y/N							
		3		Y/N	Y/N							
		4		Y/N	Y/N							
		5		Y/N	Y/N							

Batch No.	Date	Tray	Product	Cooked Y/N	Pre-Frozen Y/N	(A) Wet weight	(B) Dry weight	(A - B) Water weight variance	(C) Freeze time	(D) Dry time	(C + D) Total time	Batch notes
		1		Y/N	Y/N							
		2		Y/N	Y/N							
		3		Y/N	Y/N							
		4		Y/N	Y/N							
		5		Y/N	Y/N							

©2022 Jessica Callaway Publishing

Freeze Dryer Log

Batch No.	Date	Tray	Product	Cooked Y/N	Pre-Frozen Y/N	(A) Wet weight	(B) Dry weight	(A - B) Water weight variance	(C) Freeze time	(D) Dry time	(C + D) Total time	Batch notes
		1		Y / N	Y / N							
		2		Y / N	Y / N							
		3		Y / N	Y / N							
		4		Y / N	Y / N							
		5		Y / N	Y / N							

Batch No.	Date	Tray	Product	Cooked Y/N	Pre-Frozen Y/N	(A) Wet weight	(B) Dry weight	(A - B) Water weight variance	(C) Freeze time	(D) Dry time	(C + D) Total time	Batch notes
		1		Y / N	Y / N							
		2		Y / N	Y / N							
		3		Y / N	Y / N							
		4		Y / N	Y / N							
		5		Y / N	Y / N							

Batch No.	Date	Tray	Product	Cooked Y/N	Pre-Frozen Y/N	(A) Wet weight	(B) Dry weight	(A - B) Water weight variance	(C) Freeze time	(D) Dry time	(C + D) Total time	Batch notes
		1		Y / N	Y / N							
		2		Y / N	Y / N							
		3		Y / N	Y / N							
		4		Y / N	Y / N							
		5		Y / N	Y / N							

Freeze Dryer Log

Batch No.	Date	Tray	Product	Cooked Y/N	Pre-Frozen Y/N	(A) Wet weight	(B) Dry weight	(A - B) Water weight variance	(C) Freeze time	(D) Dry time	(C + D) Total time	Batch notes
		1		Y / N	Y / N							
		2		Y / N	Y / N							
		3		Y / N	Y / N							
		4		Y / N	Y / N							
		5		Y / N	Y / N							

Batch No.	Date	Tray	Product	Cooked Y/N	Pre-Frozen Y/N	(A) Wet weight	(B) Dry weight	(A - B) Water weight variance	(C) Freeze time	(D) Dry time	(C + D) Total time	Batch notes
		1		Y / N	Y / N							
		2		Y / N	Y / N							
		3		Y / N	Y / N							
		4		Y / N	Y / N							
		5		Y / N	Y / N							

Batch No.	Date	Tray	Product	Cooked Y/N	Pre-Frozen Y/N	(A) Wet weight	(B) Dry weight	(A - B) Water weight variance	(C) Freeze time	(D) Dry time	(C + D) Total time	Batch notes
		1		Y / N	Y / N							
		2		Y / N	Y / N							
		3		Y / N	Y / N							
		4		Y / N	Y / N							
		5		Y / N	Y / N							

Freeze Dryer Log

Batch No.	Date	Tray	Product	Cooked Y / N	Pre-Frozen Y / N	(A) Wet weight	(B) Dry weight	(A - B) Water weight variance	(C) Freeze time	(D) Dry time	(C + D) Total time	Batch notes
		1		Y / N	Y / N							
		2		Y / N	Y / N							
		3		Y / N	Y / N							
		4		Y / N	Y / N							
		5		Y / N	Y / N							

Batch No.	Date	Tray	Product	Cooked Y / N	Pre-Frozen Y / N	(A) Wet weight	(B) Dry weight	(A - B) Water weight variance	(C) Freeze time	(D) Dry time	(C + D) Total time	Batch notes
		1		Y / N	Y / N							
		2		Y / N	Y / N							
		3		Y / N	Y / N							
		4		Y / N	Y / N							
		5		Y / N	Y / N							

Batch No.	Date	Tray	Product	Cooked Y / N	Pre-Frozen Y / N	(A) Wet weight	(B) Dry weight	(A - B) Water weight variance	(C) Freeze time	(D) Dry time	(C + D) Total time	Batch notes
		1		Y / N	Y / N							
		2		Y / N	Y / N							
		3		Y / N	Y / N							
		4		Y / N	Y / N							
		5		Y / N	Y / N							

Freeze Dryer Log

Batch 1

Batch No.	Date	Tray	Product	Cooked Y/N	Pre-Frozen Y/N	(A) Wet weight	(B) Dry weight	(A - B) Water weight variance	(C) Freeze time	(D) Dry time	(C + D) Total time	Batch notes
		1		Y / N	Y / N							
		2		Y / N	Y / N							
		3		Y / N	Y / N							
		4		Y / N	Y / N							
		5		Y / N	Y / N							

Batch 2

Batch No.	Date	Tray	Product	Cooked Y/N	Pre-Frozen Y/N	(A) Wet weight	(B) Dry weight	(A - B) Water weight variance	(C) Freeze time	(D) Dry time	(C + D) Total time	Batch notes
		1		Y / N	Y / N							
		2		Y / N	Y / N							
		3		Y / N	Y / N							
		4		Y / N	Y / N							
		5		Y / N	Y / N							

Batch 3

Batch No.	Date	Tray	Product	Cooked Y/N	Pre-Frozen Y/N	(A) Wet weight	(B) Dry weight	(A - B) Water weight variance	(C) Freeze time	(D) Dry time	(C + D) Total time	Batch notes
		1		Y / N	Y / N							
		2		Y / N	Y / N							
		3		Y / N	Y / N							
		4		Y / N	Y / N							
		5		Y / N	Y / N							

Made in the USA
Coppell, TX
14 August 2022

81169525R00057